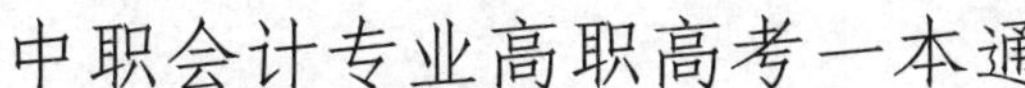
中职会计专业高职高考一本通

基础会计全能练

聂海英　总主编
尹　惠　主　编
张艳艳　王晓清　副主编

科学出版社
北　京

内 容 简 介

本书分为九章，围绕《基础会计（第四版）》（张玉森、陈伟清主编，高等教育出版社）的内容，以每章知识点为主线，编写各章课后配套复习测试题，并配有相应的答案及解析。题目涵盖知识点全面，章节清晰，题型丰富，通俗易懂，可作为辅助教学参考，帮助读者夯实专业基础知识和基本技能。

本书既可作为应用型本科和高职高专院校会计专业对口招生考试、中高等职业教育会计专业贯通培养项目转段招生考试、会计职称考试教辅材料，也可作为会计专业学生、经济管理人员、在职会计人员后续教育知识巩固的教辅材料或参考用书。

图书在版编目（CIP）数据

基础会计全能练/尹惠主编. —北京：科学出版社，2018

（中职会计专业高职高考一本通）

ISBN 978-7-03-028731-1

Ⅰ. ①基… Ⅱ. ①尹… Ⅲ. ①会计学-中等专业学校-习题集 Ⅳ. ①F230-44

中国版本图书馆 CIP 数据核字（2018）第 030838 号

责任编辑：涂 晟 王 琳 / 责任校对：陶丽荣

责任印制：吕春珉 / 封面设计：东方人华设计部

科学出版社出版

北京东黄城根北街 16 号

邮政编码：100717

http://www.sciencep.com

三河市骏杰印刷有限公司印刷

科学出版社发行 各地新华书店经销

*

2018 年 3 月第 一 版 开本：787×1092 1/8

2018 年 9 月第二次印刷 印张：12 3/4

字数：290 000

定价：45.00 元（含答案）

（如有印装质量问题，我社负责调换）（骏杰）

销售部电话 010-62136230 编辑部电话 010-62135397-2052

前　言

“基础会计”作为会计专业核心专业理论课，也是商贸财经类专业必修的公共基础课。虽然目前市场上有很多专业辅导教材及资料，但专门为应用型本科和高职高专院校会计专业对口招生考试、中高等职业教育会计专业贯通培养项目转段招生考试适用的复习资料并不多见。为弥补目前市场配套复习资料欠缺的问题，也为会计专业学生提供更好的复习资料，编者决定编写一套与教材同步的配套复习测试题，让学生能够有针对性地进行课后练习及复习测试。

本书充分体现了以下三个鲜明特点。

（1）适用范围广。本书作为一本系统全面的复习资料，适用于会计专业学生、经济管理人员、在职会计人员，无论是课后巩固知识、升学备考、还是进行专业继续教育，本书都是一本适用、实用的教辅资料或参考书。

（2）针对性强。本书结合《基础会计（第四版）》的知识点，立意、命题、难易程度、解题思路按照考试重点设计，反复筛选，直击考点，针对性强。

（3）重视基础。本书围绕各知识点，精心设计，做到精析精练、夯实基础，强化会计专业技能。通过使用本书，无论是教师指导还是学生自我检测，都能达到理清知识脉络、突出重难点、提高应考能力的目的。

本书由聂海英担任总主编，尹惠担任主编，张艳艳、王晓清担任副主编，参编人员有樊小红、程世会、刘艳梅、汪燕。具体编写分工如下：第一和第七章由汪燕编写，第二章由樊小红编写，第三和第四章由刘艳梅编写，第五章由尹惠编写，第六章由张艳艳、王晓清编写，第八和第九章由程世会编写。在编写本书的过程中，编者参阅了部分出版物及网络题目汇编，广泛听取了行业专家及众多一线教师的意见，吸取了同类、同层次教辅资料的长处，在此向相关人士一并表示感谢！

由于时间仓促，编者水平有限，本书不足之处在所难免，敬请广大读者批评指正，以便不断修改完善本书。

编　者

2017年11月

目　录

第一章　概　　述

复习测试题

满分：100分　测试时间：100分钟

一、单项选择题（每小题2分，共40分）

1．会计的基本职能是（　　）。
A．反映和考核　B．核算和监督　C．预测和决策　D．分析和管理

2．会计核算使用的主要计量单位是（　　）。
A．实物量度　B．货币量度　C．时间量度　D．劳动量度

3．在我国会计法律法规制度体系中，属于最高层次地位的法律规范是（　　）。
A．《会计法》　B．《企业会计准则》
C．《企业财务通则》　D．《企业会计制度》

4．会计是（　　）的重要组成部分。
A．经营活动　B．经济管理　C．核算和监督　D．社会再生产

5．近代会计形成的标志是（　　）。
A．货币计量
B．管理会计的产生
C．从单式记账法过渡到复式记账法
D．计算机在会计上的应用

6．会计核算根据会计工作组织形式的不同可分为（　　）。
A．总括核算与明细核算　B．车间核算与企业核算
C．集中核算与非集中核算　D．综合核算与非综合核算

7．会计核算和监督的内容是特定主体的（　　）。
A．经济活动　B．实物运动　C．资金运动　D．经济资源

8．世界上第一部系统阐述簿记和借贷记账法的著作是（　　）。
A．《周礼·天官编》　B．《大和国计》
C．《算术、几何、比与比例概要》　D．《孟子正义》

9．会计机构是企业、行政事业单位组织处理会计工作的（　　）部门。
A．职能　B．法律　C．经济　D．财政

10．司会是会计发展史上（　　）时期出现的官职。
A．宋朝　B．西周　C．清朝　D．汉朝

11．在会计机构内部，不得兼任稽核、会计档案保管和收入、支出、费用、债权债务账目登记工作的是（　　）。
A．会计主管人员　B．记账人员
C．出纳人员　D．成本核算人员

12．不需要进行会计核算的经济业务事项是（　　）。
A．从银行提取现金　B．签订销售合同
C．收取销售订金　D．结算销售货款

13．下列不属于会计人员职业道德的是（　　）。
A．敬业爱岗　B．客观公正　C．奉献社会　D．保守秘密

14．属于出纳人员不得从事的工作是（　　）。
A．现金收付
B．库存现金日记账的登记
C．收入、费用明细账的登记
D．银行存款日记账的登记

15．主管我国会计工作的部门是（　　）。
A．注册会计师协会　B．国务院
C．财政部　D．会计师事务所

16．经济业务是指通过会计来核算和监督的经营活动和财务收支的具体事项，又称（　　）。
A．经济活动　B．会计事项　C．收支状况　D．会计内容

17．属于会计法律的是（　　）。
A．《企业职称条例》　B．《会计法》
C．《会计核算制度》　D．《企业财务会计报告条例》

18．属于相容职务的是（　　）。
A．出纳与现金保管　B．业务经办与财务保管
C．财物保管与记账　D．出纳与记账

19．会计人员在进行会计核算的同时，对特定主体经济活动的合法性、合理性进行审查称为（　　）。
A．会计控制职能　B．会计核算功能
C．会计监督功能　D．会计分析功能

20．资金的循环与周转过程通常不包括（　　）。
A．供应过程　B．生产过程　C．销售过程　D．分配过程

二、多项选择题（每小题2分，共34分）

1．会计的概念应包括（　　）。
A．经济越发展，会计就越重要　B．会计是一种管理活动
C．对经济活动进行核算和监督　D．以货币计量为基本形式
E．会计是市场经济发展的必要产物

2．会计核算的基本环节包括（　　）。
A．确认　B．计量
C．记录　D．报告
E．监督

3．从核算时间来看，会计监督包括（　　）。

A．事前监督　　B．事中监督
C．事后监督　　D．决策监督
E．技术监督

4．工业企业的经营过程包括（　　）。

A．创办过程　　B．供应过程
C．生产过程　　D．销售过程
E．周转过程

5．属于企业会计核算内容的有（　　）。

A．投资者投入货币资金　　B．企业购入原材料
C．以银行存款偿还货款　　D．支付职工工资
E．购买办公用品

6．会计的特征包括（　　）。

A．会计以货币为主要计量单位
B．会计拥有一系列专门方法
C．会计具有核算和监督的基本职能
D．会计是一种经济管理活动
E．会计具有连续性、系统性、综合性和全面性的特点

7．按照制定和批准的机关不同，会计法规可分为（　　）。

A．会计行政法规　　B．综合性会计法规
C．地方性会计法规　　D．自治会计法规
E．会计工作法规

8．会计核算工作组织形式包括（　　）。

A．全面核算　　B．专业核算
C．集中核算　　D．非集中核算
E．分散核算

9．企业在日常经营活动中，资金的四种占用形态有（　　）。

A．货币资金状态　　B．储备资金状态
C．生产资金形态　　D．成品资金形态
E．半成品资金形态

10．我国会计法律法规体系主要包括（　　）。

A．会计法律　　B．会计规章
C．会计法规　　D．会计工作的组织方式
E．政府的外部监督

11．会计核算中采用的计量单位有（　　）。

A．货币计量单位　　B．空间计量单位
C．劳动计量单位　　D．实物计量单位
E．时间计量单位

12．下列属于会计核算环节的是（　　）。

A．确认　　B．记录　　C．报告　　D．报账
E．计量

13．根据调整对象和内容的不同，会计规章可分为（　　）。

A．会计核算制度　　B．会计人员管理制度
C．综合性管理制度　　D．会计工作管理制度
E．会计机构制度

14．属于会计人员主要职责的有（　　）。

A．实行会计监督
B．编制预算和财务计划
C．拟定本单位办理会计事务的具体办法
D．进行会计核算
E．决定企业生产经营规模

15．在会计机构内部，出纳人员不得兼任的工作有（　　）。

A．稽核　　B．会计档案保管
C．收入账目登记　　D．费用账目登记
E．债权债务账目登记

16．属于会计工作岗位的是（　　）。

A．会计机构负责人　　B．稽核
C．档案管理　　D．往来结算
E．财务成果核算

17．属于会计对象的有（　　）。

A．资金运动
B．经济业务
C．社会生产过程中的所有经济活动
D．社会再生产过程中能以货币表现的经济活动
E．会计事项

三、判断题（每小题1分，共26分）

1．会计核算必须而且只能采用价值形式。（　　）

2．“四柱清册”中的四柱是指旧管、新收、开除和实在。它们之间的相互关系：旧管+新收=开除+实在。（　　）

3．“龙门账”中的“四柱”是指进、缴、存和该。（　　）

4．会计只能对经济活动进行事后监督。（　　）

5．会计监督是市场经济发展的必然产物。（　　）

6．会计核算不仅能反映已发生和已完成的经济业务，而且可以通过计算分析来预测未来经济发展的趋势和前景。（　　）

7．会计核算就是对经济活动进行的事后记账、算账和报账。（　　）

8．所谓会计监督，就是判断企业的经济业务是否违反国家的财经法规。（ ）

9．会计是适应生产的发展和经济管理的需要而产生和发展的。（ ）

10．我国的会计工作管理体制贯彻“集中核算，分级管理”的原则。（ ）

11．凡是特定对象中能够以货币表现的经济活动，都是会计核算和监督的内容。（ ）

12．会计人员有权参与单位编制计划、制定定额、签订经济合同、参加有关的生产经营管理会议。（ ）

13．会计法是我国会计法律规范体系的最高层次，是制定其他会计法规的依据，也是指导会计工作的最高准则。（ ）

14．企业的出纳人员除了登记现金、银行存款日记账外，还可以兼任银行存款余额调节表的核对工作。（ ）

15．会计人员应当保守本单位的商业秘密，任何时候都不得向外界提供单位的会计信息。（ ）

16．会计只能核算已发生或完成的交易或事项。（ ）

17．会计的任务是由经济管理的客观要求所决定的。（ ）

18．作为会计对象的交易或事项是指企业、单位所发生的全部经济活动。（ ）

19．会计产生于生产实践之中，又在社会生产实践中得到发展。（ ）

20．以货币为基本计量标准是会计核算的主要特点。（ ）

21．在企业进行会计核算的每个环节，必须坚持“内部牵制”原则。（ ）

22．报销差旅费、购买办公用品属于会计对象的范畴。（ ）

23．企业发生的所有经济业务事项都需要进行会计记录和会计核算。（ ）

24．以实际发生的经济业务事项为依据进行会计核算，是会计核算的重要前提，也是保证会计资料质量的关键。（ ）

25．企业会计核算的内容是指特定主体（某一企业）的资金运动。（ ）

26．会计监督是会计核算的继续，如果只有会计监督而不进行会计核算，就不能发挥会计应有的作用。（ ）

第二章　会计要素及会计平衡公式

复习测试题（一）

满分：100分　测试时间：100分钟

一、单项选择题（每小题 2 分，共 24 分）

1．会计要素是对（　　）的简称。
A．会计对象　B．会计科目　C．会计账户　D．会计工作

2．不属于会计要素的是（　　）。
A．资产　B．负债　C．收入　D．成本

3．不属于企业资产要素的是（　　）。
A．库存现金　B．银行存款
C．建筑大楼　D．租入 3 个月的机器设备

4．属于负债要素的是（　　）。
A．应收账款　B．短期借款　C．存货　D．实收资本

5．所有者权益是投资者对企业（　　）的所有权。
A．全部资产　B．净资产　C．流动资产　D．固定资产

6．财务费用是指（　　）而发生的费用。
A．企业行政管理部门为组织和管理生产经营活动而发生的费用
B．财务部门发生的费用
C．企业为筹集资金而发生的费用
D．为销售产品而发生的费用

7．有一定数额的资产就必然有一定数额的（　　）。
A．负债　B．所有者权益　C．收入　D．权益

8．留存收益包括（　　）。
A．实收资本和资本公积　B．盈余公积和资本公积
C．实收资本和盈余公积　D．盈余公积和未分配利润

9．不属于收入要素的是（　　）。
A．销售商品的收入　B．销售材料的收入
C．罚款收入　D．出租厂房的收入

10．流动负债是指偿还期限在（　　）以内的债务。
A．1 年（不含 1 年）
B．1 年（含 1 年）
C．1 年以上
D．1 年（含 1 年）或超过 1 年的一个正常的营业周期

11．收入-费用=（　　）。
A．资产　B．费用　C．利润　D．所有者权益

12．当投资者投入资本时，与（　　）有直接关系。
A．实收资本　B．利润　C．负债　D．收入

二、多项选择题（每小题 2 分，共 20 分）

1．关于预付账款，说法正确的有（　　）。
A．预付账款是负债　B．预付账款是流动负债
C．预付账款是资产　D．预付账款是流动资产
E．预付账款是非流动资产

2．所有者权益包括（　　）。
A．未分配利润　B．资本公积
C．盈余公积　D．实收资本
E．投资收益

3．收入和利得之间的关系是（　　）。
A．都是企业日常活动形成的
B．都属于企业的“收入”要素
C．都是企业的收益
D．都会导致所有者权益增加，与投资者投入资本无关
E．都是经济利益流入企业

4．企业发生的费用包括（　　）。
A．从事经营业务发生的成本费用　B．为销售商品而发生的销售费用
C．为筹集资金而发生的财务费用　D．行政管理部门发生的相关管理费用
E．非日常活动发生的一切支出

5．费用和损失之间的关系是（　　）。
A．都是企业日常活动形成的
B．都属于企业的“费用”要素
C．都是企业的消耗
D．都会导致所有者权益减少，与分配利润无关
E．都是经济利益流出企业

6．企业用银行存款偿还短期借款，会计平衡公式的变化有（　　）。
A．资产增加　B．资产减少
C．负债增加　D．负债减少
E．所有者权益增加

7．企业接受投入原材料5 000元时，会计恒等式的变化有（　　）。
A．原材料增加 5 000 元　B．实收资本增加 5 000 元
C．资本公积增加 5 000 元　D．等于总额增加 5 000 元
E．等式总额减少 5 000 元

8．会使会计恒等式的总额发生变化的业务有（　　）。
A．购买的材料 1 000 元入库，但款项未付
B．购买的材料 1 000 元入库，用存款 1 000 元支付
C．用银行存款 1 000 元偿还短期借款

D. 用资本公积 50 000 元转增资本

E. 接受投资 100 000 元存入银行

9. 会计恒等式是（　　）。

A. 编制资产负债表的理论依据

B. 编制利润表的理论依据

C. 复试记账、账户试算平衡的理论依据

D. 会计核算方法体系的理论基础

E. 借贷记账法的理论依据

10. 属于企业债权的是（　　）。

A. 预收账款　　　　B. 应收账款

C. 应付账款　　　　D. 预付账款

E. 应收票据

三、判断题（每小题 1 分，共 13 分）

1. 会计对象是对会计要素个体内容所做的基本分类。（　　）

2. 资产是会计要素中最主要的要素。（　　）

3. 存货包括原材料、库存商品和固定资产等。（　　）

4. 应收及预收款项都是流动资产。（　　）

5. 负债是指企业过去的交易或事项形成的、预期会导致经济利益流出企业的未来义务。（　　）

6. 资产的流动性，是指它们变为现金或被耗用的难易程度，亦称变现能力。（　　）

7. 凡是经济资源就可以认为是企业的资产。（　　）

8. 应付职工薪酬仅指企业应付给职工的劳动报酬，不包括福利费用、津贴补贴等。（　　）

9. 盈余公积是企业按规定从净利润中提取的各种公积金。（　　）

10. 长期借款是指借款期限在 1 年或超过 1 年的银行借款。（　　）

11. 无形资产是指没有实物形态的非货币性资产，故没有任何经济价值。（　　）

12. 企业出售无形资产和出租无形资产取得的收益，均应作为其他业务收入。（　　）

13. 七种会计核算方法应全面地、互相联系地应用，形成一个完整的方法体系。（　　）

四、计算题（本大题共 22 分）

1. 资料（每小题2分，共14分）。

企业在年末统计出有关会计事项：①银行存款 1 500 000 元；②短期借款 50 000 元；③原材料 115 000 元；④预收账款 5 000 元；⑤预付账款 1 000 元；⑥固定资产 200 000 元；⑦长期借款 500 000 元；⑧应付票据 23 400 元；⑨应收账款 568 000 元；⑩应付账款 100 000 元；⑪管理费用 3 000 元；⑫财务费用 400 元；⑬销售费用 10 000 元；⑭实收资本 5 000 000 元。

计算：

（1）流动资产=

（2）非流动资产=

（3）流动负债=

（4）非流动负债=

（5）资产=

（6）负债=

（7）费用=

2. 资料（共8分）。

2015年年初，小王、小张、小李三人合伙注册创立一家企业，共筹集资金500万元（其中三人各投资100万元，从银行借款200万元），用于建厂房、买设备和材料，形成企业的资产。2015年年末，企业已拥有资产800万元，需要偿还的各种债务300万元（除年初的投资外，本企业没有其他增加投资或减少注册资本的行为，也没有产生资本公积）。

计算：

（1）（2分）2015年年初实收资本=

（2）（3分）2015年年末净资产=

（3）（3分）2015年年末留存收益=

五、业务分析题（每小题 3 分，共 21 分）

企业发生经济业务如下：购买材料一批，货款尚未支付。

（1）从银行借入短期借款，直接偿还应付账款。

（2）以银行存款支付前欠货款。

（3）经批准资本公积转增资本。

（4）收到投资者追加的投资，存入银行。

（5）从银行提取现金。

（6）将无力偿还的应付票据转作应付账款。

（7）以存款购入机器设备一台。

判断上述经济业务的类型，填入经济业务类型表中。

经济业务类型表

经济业务序号	经济业务类型
例	一项资产（材料）增加，一项负债（应付账款）增加
1	
2	
3	
4	
5	
6	
7	

复习测试题（二）

满分：100分　测试时间：100分钟

一、单项选择题（每小题2分，共24分）

1. 收回应收账款50 000元，存入银行。这一业务引起的变动是（　　）。
   A. 资产总额不变　B. 资产增加，负债增加
   C. 资产增加，负债减少　D. 资产减少，负债增加
2. 以银行存款交纳所得税，所引起的变化是（　　）。
   A. 一项资产减少，一项所有者权益减少
   B. 一项资产减少，一项负债减少
   C. 一项负债减少，一项资产增加
   D. 一项资产减少，一项资产增加
3. 引起资产和负债同时增加的交易或事项是（　　）。
   A. 以银行存款购入原材料一批　B. 以银行存款支付前欠货款
   C. 收回应收账款存入银行　D. 购入电视机一部，货款暂欠
4. 能够引起资产总额增加的事项有（　　）。
   A. 接受投资者投资　B. 以银行存款偿还债务
   C. 从银行提取现金　D. 将资本公积转增资本
5. 经济业务发生仅涉及负债这一会计要素时，那么将只会引起负债要素中某些项目发生（　　）变动。
   A. 同增　B. 同减　C. 一增一减　D. 不增不减
6. （　　）既反映了会计对象要素间的基本数量关系，也是复式记账法的理论依据。
   A. 会计科目　B. 会计恒等式　C. 记账符号　D. 账户
7. 会引起一项负债减少，而另一项负债增加的经济业务是（　　）。
   A. 用银行存款购买材料　B. 以银行存款偿还银行贷款
   C. 以银行借款偿还应付账款　D. 将库存现金存入银行
8. 属于工业企业的主营业务收入的是（　　）。
   A. 销售商品取得的收入　B. 销售材料取得的收入
   C. 转让无形资产使用权取得的收入　D. 包装物出租收取的租金
9. 企业生产经营过程中的在产品属于（　　）。
   A. 存货　B. 固定资产　C. 无形资产　D. 负债
10. 负债是指企业过去交易或事项形成的（　　）。
    A. 过去义务　B. 现时义务　C. 将来义务　D. 永久义务
11. 可以保持会计等式总额不变的经济业务是（　　）。
    A. 资产增加、负债增加同等金额
    B. 资产增加、所有者权益增加同等金额
    C. 负债增加、所有者权益减少同等金额
    D. 负债减少、资产减少同等金额
12. 能够引起两个资产项目此增彼减的经济业务是（　　）。
    A. 用银行存款偿还借款　B. 收到投资者的货币投资
    C. 收到外单位前欠货款　D. 用银行存款支付投资者利润

二、多项选择题（每小题2分，共20分）

1. 反映企业财务状况的会计要素有（　　）。
   A. 资产　B. 负债
   C. 所有者权益　D. 利润
   E. 成本
2. 会计的方法包括（　　）。
   A. 会计核算方法　B. 会计分析方法
   C. 会计控制方法　D. 会计检查方法
   E. 会计监督方法
3. 资产具有的特征是（　　）。
   A. 资产是过去的交易或事项形成的
   B. 资产必须是投资者投入或向债权人借入的
   C. 资产是企业拥有或控制的资源
   D. 资产预期能给企业带来经济利益
   E. 资产必须是有形的实物
4. 属于会计核算方法的是（　　）。
   A. 填制和审核凭证　B. 登记会计账簿
   C. 编制会计报表　D. 编制财务预算表
   E. 财产清查
5. 属于存货的有（　　）。
   A. 包装物　B. 厂房和办公大楼
   C. 原材料　D. 尚未出售的库存商品
   E. 用于销售的商品房
6. 一项所有者权益减少的同时，可能会引起（　　）。
   A. 另一项所有者权益增加　B. 一项负债增加
   C. 一项负债减少　D. 一项资产减少
   E. 一项资产增加
7. 属于企业无形资产的有（　　）。
   A. 非专有技术　B. 专利权
   C. 著作权　D. 商标权
   E. 经营特许权
8. （　　）反映企业的经营成果。
   A. 负债　B. 收入

C．费用　　D．所有者权益

E．利润

9.（　　）仅涉及资产要素，且会计恒等式的总额不变。

A．购买材料，款项未付　　B．从银行提取现金，备用

C．收回前欠货款，存入银行　　D．接受外单位投入原材料一批

E．开出商业汇票抵付应付账款

10．会计等式正确的有（　　）。

A．资产=权益

B．资产=负债+所有者权益

C．资产-费用=负债+所有者权益+收入

D．资产-负债=净资产

E．收入-费用=利润

三、判断题（每小题 1 分，共 13 分）

1．权益包括债权人权益和所有者权益。（　　）

2．资产按流动性分为流动资产和不流动资产。（　　）

3．借款期在 1 年及 1 年以上称为长期借款。（　　）

4．凡是流进企业的收益都是收入要素。（　　）

5．如果一项经济业务的发生引起负债的增加和所有者权益的减少，则会计恒等式的平衡关系没有被破坏。（　　）

6．从数量上看，资产与权益始终保持平衡关系，任何经济业务的发生均不会改变资产和权益的总金额。（　　）

7．任何经济业务发生后，均会引起资产和权益同时发生变化。（　　）

8．凡是流出企业的经济资源都是费用要素。（　　）

9．所有者权益是投资人对企业全部资产的所有权。（　　）

10．资产与权益是同一事物两个不同的侧面，两者是辩证统一的。（　　）

11．会计上所讲的资本金包括实收资本、资本公积两部分。（　　）

12．企业接受外商投入货币和捐赠的实物，均属于企业的实收资本（或股本）。（　　）

13．会计基本要素是资产、负债、所有者权益、收入、费用、利润。（　　）

四、计算题（本大题共 22 分）

1．资料（每小题4分，共12分）。

6月初，某企业资产总额为700万元，负债总额为20万元，发生下列经济业务：

（1）收到外单位投入资本40万元，存入银行。

（2）从银行提取现金5万元，备用。

（3）以银行存款偿还长期借款20万元。

（4）赊购材料10万元。

计算：

（1）6月末，该企业资产总额=

（2）6月末，该企业负债总额=

（3）6月末，该企业所有者权益=

2．根据会计恒等式，补充表中的数据（每空 2 分，共 10 分）。

经济业务表

单位：元

序号	资产	负债	所有者权益
1	5 600 000	2 300 000	（　　）
2	2 100 000	（　　）	980 000
3	（　　）	90 000	520 000
4	（　　）	67 890	1 753 900
5	459 000	（　　）	120 000

五、业务分析题（共 21 分）

某企业2017年5月发生部分经济业务列示在表中。

经济业务表

单位：元

项目	资产				负债		所有者权益
	银行存款	应收账款	存货	固定资产	短期借款	应付账款	实收资本
期初余额	56 000	60 789	8 535	565 790	300 000	100 000	5 200 000
例	+10 000				+10 000		
业务 1	+658 000	-658 000					
业务 2	-234 000		+234 000				
业务 3						-575 000	+575 000
业务 4			+11 700			+11 700	
业务 5	+30 000			+40 000			+70 000
业务 6	-50 000						-50 000
业务 7				+100 000		+100 000	

分析上述经济业务表中的业务对会计恒等式的影响，填入下表中。

会计恒等式变化情况

业务序号	经济业务对会计恒等式的影响
例	一项资产增加 10 000 元，一项负债增加 10 000 元，等式两边总额增加 10 000 元
1	
2	
3	
4	
5	
6	
7	

第三章　账户和复式记账

复习测试题（一）

满分：100分　测试时间：100分钟

一、单项选择题（每小题2分，共24分）

1.“应收账款”账户的期初余额为借方2 000元，本期借方发生额1 000元，本期贷方发生额8 000元，该账户的期末余额为（　　）。

A．借方 3 000 元　　B．贷方 8 000 元

C．借方 5 000 元　　D．贷方 5 000 元

2．在复合会计分录“借：固定资产50 000；贷：银行存款30 000，应付账款20 000”中，“银行存款”账户的对应账户是（　　）。

A．“应付账款”　　B．“银行存款”

C．“固定资产”　　D．“固定资产”和“银行存款”

3．借贷记账法下，采用发生额试算平衡法时，试算平衡公式是（　　）。

A．全部账户借方发生额合计等于全部账户贷方发生额合计

B．每个账户借方发生额合计等于该账户贷方发生额合计

C．全部资产类账户借方发生额合计等于全部负债类账户贷方发生额合计

D．全部资产类账户借方发生额合计等于全部所有者权益账户贷方发生额合计

4．复式记账法对每笔经济业务都以相等的金额，在（　　）中进行登记。

A．两个账户　　B．一个账户

C．所有账户　　D．两个或两个以上相互联系的账户

5．总分类科目和明细分类科目，是按照反映经济信息的（　　）程度进行的分类。

A．内容　　B．用途　　C．结构　　D．详细

6．某企业2017年3月“库存现金”账户月初余额为2 000元，本月贷方发生额为80 000元，月末余额为5 000元，则本月借方发生额应为（　　）元。

A．73 000　　B．77 000　　C．87 000　　D．83 000

7．在借贷记账法下，“借”“贷”的含义是（　　）。

A．债权和债务　　B．标明记账方向　　C．增加或减少　　D．收入和付出

8．对账户记录进行试算平衡的依据是（　　）。

A．会计要素划分的类别　　B．所发生经济业务的内容

C．账户结构　　D．会计等式

9．某账户期初余额为5 000元，本期增加发生额为8 000元，期末余额为6 000元。该账户本期减少发生额应为（　　）元。

A．2 000　　B．7 000　　C．8 000　　D．13 000

10．对会计科目分类和编号，形成（　　）。

A．会计要素　　B．会计账户　　C．会计科目表　　D．会计对象

11．不属于会计科目的是（　　）。

A．“在建工程”　　B．“预收账款”　　C．“固定资产”　　D．“流动资产”

12．在借贷记账法下，负债类账户的结构特点是（　　）。

A．借方记增加，贷方记减少，余额在借方

B．贷方记增加，借方记减少，余额在贷方

C．借方记增加，贷方记减少，一般无余额

D．贷方记增加，借方记减少，一般无余额

二、多项选择题（每小题2分，共20分）

1．会计科目与会计账户的相同点是（　　）。

A．结构相同　　B．名称相同

C．作用相同　　D．反映的经济业务内容相同

E．格式相同

2．会计分录的三要素有（　　）。

A．确定账户名称　　B．确定账户方向

C．确定应记金额　　D．确定应记账户结构

E．确定凭证类型

3．属于借贷记账法特点的是（　　）。

A．以“借”和“贷”作为记账符号

B．确定应记金额

C．对账户不要求固定分类

D．确定记账方向

E．以“有借必有贷，借贷必相等”作为记账规则

4．借贷记账法的试算平衡可按（　　）公式进行。

A．全部账户借方余额合计=全部账户贷方余额合计

B．全部账户借方发生额合计=全部账户贷方发生额合计

C．全部账户增加金额=全部账户减少金额

D．资产账户发生额=负债和所有者权益账户发生额

E．全部账户借方期初余额合计=全部账户贷方期初余额合计

5．借贷记账法下，试算平衡内容包括（　　）。

A．差额试算平衡　　B．发生额试算平衡

C．期初余额试算平衡　　D．期末余额试算平衡

E．总账与所属明细账金额的试算平衡

6．关于总分类账户与明细分类账户平行登记的要点，说法正确的是（　　）。

A．依据相同，方向相同　　B．科目相同

C．期间相同，金额相等　　D．格式相同

E．发生额相同

7．关于总分类账户和明细分类账户的关系，说法正确的有（　　）。

A．总分类账户提供总括资料，明细分类账户提供详细资料

B．总分类账户和所属明细分类账户必须进行平行登记

C．总分类账户统驭控制所属的明细分类账户

D．明细分类账户统驭控制总分类账户

E．明细分类账户是其归属的总分类账户的补充说明

8．借贷记账法的借方表示（　　）。

A．所有者权益减少　　B．资产增加

C．负债减少　　D．收入增加

E．成本费用的增加

9．会计分录的形式可以有（　　）。

A．一借一贷　　B．一借多贷

C．多借一贷　　D．多借多贷

E．左借右贷

10．与资产账户结构相反的账户有（　　）。

A．负债　　B．费用

C．收入　　D．支出

E．所有者权益

三、判断题（每小题 1 分，共 13 分）

1．通过试算平衡检查账簿记录，若借贷平衡就可以确定记账准确无误。（　　）

2．如果某个总分类账户余额为零，则其所属的各明细账户的余额也分别为零。（　　）

3．会计科目和账户的区别在于是否有一定的格式和结构。（　　）

4．企业会计准则明确规定，企业会计核算必须采用复式记账法。（　　）

5．一般情况下，资产类账户的期末余额在借方。（　　）

6．“期末余额=期初余额+本期增加发生额-本期减少发生额”这一公式适用于任何性质账户的结账。（　　）

7．运用借贷记账法记录经济业务时，有关账户之间形成的相互关系称为平衡关系。（　　）

8．在借贷记账法下，账户的借方登记增加数，贷方登记减少数。（　　）

9．会计科目是按照会计要素的具体内容进行进一步分类而确定的会计核算项目。（　　）

10．总分类账户提供总括的核算指标，因此，不仅要用货币量度，还要辅以实物量度。（　　）

11．复式记账法就是对每一项经济业务，都以相等的金额同时在总账及所属的明细账中进行登记的一种记账方法。（　　）

12．账户之间应借应贷的相互关系，称作账户的对应关系，存在对应关系的账户称为对应账户。（　　）

13．编制复合会计分录，能够集中反映一项经济业务的全貌，并可以简化记账手续。（　　）

四、计算题（列出计算过程，共 4 分）

利用总账和明细账平行登记的原理，将下列“T”形账户中的空缺数字填列齐全。

库存商品（总账）

期初余额60 000 本期发生额（A）	本期发生额124 000
期末余额（B）	

库存商品（A商品）

期初余额38 000 本期发生额（C）	本期发生额（D）
期末余额41 000	

库存商品（B商品）

期初余额（E） 本期发生额（F）	本期发生额55 000
期末余额29 000	

五、业务分析题（每小题 3 分，共 39 分）

根据某企业发生的下列经济业务编制会计分录。

（1）5日向银行借入为期三个月的短期借款30 000元，存入银行。

（2）6日从光大工厂购入甲材料4 000千克，买价8 000元，增值税进项税额1 360元，运杂费500元，全部款项用银行存款支付，材料同时验收入库。

（3）8日以银行存款25 000元偿还前欠佳境公司材料款。

（4）8日以银行存款28 400元交纳上月所得税。

（5）9日开出转账支票1 000元购买复印纸等办公用品。

（6）10日开出现金支票2 000元从银行提取备用金。

（7）11日以银行存款5 000元预付2018年上半年财产保险费。

（8）12日销售给大方公司A产品100件，每件售价220元，计22 000元，增值税销项税额3 740元，全部款项只收到10 000元存入银行，余款尚未收到。

（9）14日收到深发公司前欠本公司货款9 500元，存入银行。

（10）15日开出转账支票一张10 000元，支付公司广告费。

（11）收到富达公司投资600 000元，其中，全新设备一台，双方共同确认价值500 000元，货币资金100 000元存入银行。

（12）采购员丁某出差归来，实际报销差旅费900元，交回剩余现金100元，结清原预借款。

（13）计提固定资产折旧30 000元，其中生产车间计提17 000元，管理部门计提13 000元。

复习测试题（二）

满分：100分　测试时间：100分钟

一、单项选择题（每小题2分，共24分）

1. 复式记账法对每项经济业务都必须以相等的金额在两个或两个以上账户中同时登记，其登记的账户是（　　）。
   A. 资产类账户
   B. 互相联系的对应账户
   C. 权益类账户
   D. 总分类账户和明细分类账户
2. 借贷记账法下的发生额平衡是由（　　）决定的。
   A. “有借必有贷，借贷必相等”的记账规则
   B. 平行登记要点
   C. “资产=权益”的会计等式
   D. 账户的结构
3. 在编制试算平衡表时，若期初余额、本期发生额和期末余额的借方与贷方均平衡，则（　　）。
   A. 全部总账账户记录一定正确
   B. 全部明细账户记录一定正确
   C. 全部总账账户记录也不能肯定无错
   D. 全部明细账户记录也不能肯定无错
4. 在交易或事项处理过程中，会形成账户的对应关系，这种关系是指（　　）。
   A. 有关账户之间的应借应贷关系
   B. 总分类账户与明细分类账户之间的关系
   C. 总分类科目与总分类科目之间的关系
   D. 总分类账户与总分类科目之间的关系
5. 会计科目是对（　　）的具体内容进行分类核算的项目。
   A. 会计要素　　B. 会计主体
   C. 会计对象　　D. 经济业务
6. 会计科目与会计账户的根本区别是（　　）。
   A. 名称不同　　B. 有无结构和格式
   C. 反映的经济业务内容不同　　D. 是否通过国家统一制定
7. 属于复合会计分录的是（　　）。
   A. 借：生产成本——A产品　　50 000
   　　贷：原材料——甲材料　　30 000
   　　　　　　　——乙材料　　20 000
   B. 借：制造费用——办公费　　500
   　　　　　　　——邮电费　　400
   　　贷：库存现金　　900
   C. 借：制造费用——折旧费　　2 000
   　　管理费用——折旧费　　3 000
   　　贷：累计折旧　　5 000
   D. 借：银行存款　　80 000
   　　贷：应收账款——A公司　　20 000
   　　　　　　　　——B公司　　60 000
8. 对会计对象的具体内容分类进行核算的方法是（　　）。
   A. 设置会计科目　　B. 登记账簿
   C. 复式记账　　D. 会计科目
9. 在总分类账户及其所属明细分类账户之间必须采用的记账方法是（　　）。
   A. 复式记账　　B. 补充登记
   C. 平行登记　　D. 试算平衡
10. 关于复式记账法与单式记账法，说法正确的是（　　）。
   A. 两者都有利于检查账户记录的正确性
   B. 两者的账户都有相互对应关系
   C. 两者都有一套完整的账户体系
   D. 复式记账法能清晰地反映经济业务的过程和结果
11. 在借贷记账法下，账户的借方表示（　　）。
   A. 利润的增加和费用的减少　　B. 收入的增加和资产的减少
   C. 利润的增加和负债的减少　　D. 费用的增加和收入的减少
12. 期初和期末余额均在借方的账户，一般属于（　　）。
   A. 资产类账户　　B. 负债类账户
   C. 收入类账户　　D. 所有者权益类账户

二、多项选择题（每小题2分，共20分）

1. 对于负债类账户，正确的说法是（　　）。
   A. 借方登记增加数，贷方登记减少数
   B. 借方登记减少数，贷方登记增加数
   C. 期末余额一般在贷方
   D. 期末余额一般在借方
   E. 与资产类账户结构刚好相反
2. 在借贷记账法下，“借”和“贷”作为记账符号（　　）。
   A. 表示债权和债务
   B. 在账户结构上，可表示两个对立的部分
   C. “借”和“贷”等于“增”和“减”
   D. 在金额的增减变化上，可表示“增加”和“减少”

E.“借”“贷”的具体含义取决于账户所反映的经济内容

3．通过试算平衡不能发现其错误的差错有（　　）。

A．漏记业务

B．错用会计科目

C．记账方向颠倒

D．借贷双方中一方多记金额，另一方少记金额

E．重记业务

4．根据借贷记账法的账户结构，账户贷方登记的内容有（　　）。

A．负债的增加　　B．所有者权益的增加

C．资产的增加　　D．收入的增加

E．资产的减少

5．复式记账法的优点有（　　）。

A．能全面反映账户的对应关系　　B．有利于检查会计分录的正确性

C．便于按会计科目进行汇总　　D．便于进行试算平衡

E．能全面、系统地反映经济业务的来龙去脉

6．总分类账户与明细分类账户平行登记的要点包括（　　）。

A．依据相同　　B．方向相同

C．期间相同　　D．金额相等

E．科目相同

7．借贷记账法的记账规则是（　　）。

A．有借必有贷　　B．借贷必相等

C．贷方登记减少数　　D．借方登记增加数

E．平行登记法

8．期末结转后应无余额的账户有（　　）。

A．“利润分配”　　B．“主营业务成本”

C．“实收资本”　　D．“主营业务收入”

E．“制造费用”

9．在借贷记账法下，账户哪一方记增加，哪一方记减少，取决于（　　）。

A．经济业务的性质　　B．会计平衡公式

C．账户反映的经济业务内容　　D．所采用的记账方法

E．账户的名称

10．会计账户一般应包括（　　）。

A．凭证编号　　B．记账日期

C．账户名称　　D．增加、减少金额及余额

E．经济业务摘要

三、判断题（每小题1分，共13分）

1．负债类和所有者权益类账户的期末余额一定在贷方。（　　）

2．复合会计分录可以由几个简单分录复合而成。（　　）

3．借贷记账法账户的基本结构：账户分为左右两方，左方为借方，右方为贷方。（　　）

4．资产类账户的期末余额（借方）=期初余额（借方）+本期借方发生额-本期贷方发生额。（　　）

5．总分类账户及明细分类账户必须在同一会计期间内登记。（　　）

6．根据账户记录编制试算平衡表以后，如果所有账户的借方发生额同所有账户的贷方发生额相等，则说明账簿记录一定是正确的。（　　）

7．会计科目既是复式记账的基础又是编制记账凭证的基础。（　　）

8．在借贷记账法下，“借”表示增加，“贷”表示减少。（　　）

9．借贷记账法的记账规则是“有借必有贷，借贷必相等”。（　　）

10．总分类账户与其所属明细分类账户在总金额上应当相符。（　　）

11．会计科目是由国家统一的会计制度规定的，各单位必须严格执行，不能增设或减并。（　　）

12．总分类科目统驭下的二级科目和三级科目等均称为明细分类科目。（　　）

13．会计账户是用来分类连续地记录交易或事项，反映各会计要素增减变化情况和结果的一种工具。（　　）

四、计算题（本题4分，要求列出计算过程）

某企业2016年6月1日资产总额为120万元，所有者权益总额为50万元。6月发生下列经济业务：

（1）从银行取得期限为6个月的借款15万元，存入银行。

（2）收到A单位投入新设备一台，价值10万元，交付生产使用（暂不考虑固定资产增值税问题）。

（3）购入原材料一批，价值8万元，以银行存款支付，交付生产使用（暂不考虑增值税问题）。

（4）从银行取得期限为3个月的借款10万元，直接偿还前欠B单位货款。

（5）经批准，将资本公积金5万元转增资本金。

（6）经研究决定，企业应向投资者分配利润5万元。

根据上述资料列式计算该企业6月30日的资产总额和负债总额。

（1）资产总额=

（2）负债总额=

五、业务分析题（每小题3分，共39分）

根据某企业发生的下列经济业务编制会计分录。

（1）2日，采购原材料，价款20 000元，款项通过银行存款支付，材料已验收入库（暂不考虑增值税等因素）。

（2）5日，收到乙单位作为投资的货币资金500 000元，已存入银行账户。

（3）7日，向银行借入期限为6个月的借款50 000元。

（4）8日，办公室李明预借差旅费1 000元，以现金支付。

（5）10日，从银行提取现金100 000元备发工资。

（6）12日，办公室用现金购买办公用品800元。

（7）13日，购入机器设备一台，价值60 000元，以银行存款支付（暂不考虑固定资产增值税因素）。

（8）14日，李明出差回来后报销差旅费700元，退回多余现金300元。

（9）15日，用银行存款50 000元归还以前欠款。

（10）16日，购入材料120 000元，材料已验收入库。以银行存款支付货款100 000元，其余20 000元暂欠（暂不考虑增值税等因素）。

（11）17日，企业收回前欠货款20 000元，存入银行。

（12）20日，用现金支付办公设备修理费500元。

（13）22日，生产车间为生产产品领用材料一批，金额30 000元。

第四章　会 计 凭 证

复习测试题（一）

满分：100分　测试时间：100分钟

一、单项选择题（每小题 2 分，共 24 分）

1. 会计凭证按其填制程序和用途不同，分为（　　）。
   A. 外来原始凭证和自制原始凭证　B. 专用凭证和通用凭证
   C. 一次性凭证和累计凭证　D. 原始凭证和记账凭证
2. 属于累计原始凭证的是（　　）。
   A. 收料单　B. 领料单　C. 发货票　D. 限额领料单
3. 既可能是外来原始凭证，也可能是自制原始凭证的是（　　）。
   A. 增值税专用发票　B. 商品入库单
   C. 收料单　D. 工资汇总表
4. 不属于原始凭证审核内容的是（　　）。
   A. 原始凭证的真实性　B. 原始凭证的合法性
   C. 会计分录的正确性　D. 原始凭证的完整性和准确性
5. 对于从银行提取现金的业务，会计人员应填制的记账凭证是（　　）。
   A. 现金收款凭证
   B. 银行付款凭证
   C. 现金收款凭证和银行付款凭证
   D. 现金付款凭证
6. 为了分清会计事项处理的先后顺序，便于记账凭证与会计账簿之间的核对，确保记账凭证的完整无缺，填制记账凭证时，应（　　）。
   A. 依据真实　B. 日期正确　C. 连续编号　D. 简明扼要
7. 现金收款凭证的填制日期应是（　　）。
   A. 原始凭证上注明的日期　B. 编制收款凭证的日期
   C. 收取现金的日期　D. 登记现金总账的日期
8. 关于会计凭证的传递与保管，不正确的说法是（　　）。
   A. 科学合理的传递程序应能保证会计凭证在传递过程中的安全、及时、准确和完整
   B. 要建立会计凭证交接的签收制度
   C. 原始凭证不得外借，也不得复制
   D. 会计凭证记账完毕后，应当按分类和编号顺序保管
9. 销售过程中企业与客户签订的产品销售合同属于（　　）。
   A. 自制原始凭证　B. 记账凭证
   C. 外来原始凭证　D. 以上三者都不是
10. 会计人员在审核原始凭证过程中，对于手续不完备的原始凭证，按规定应（　　）。
    A. 扣留原始凭证　B. 拒绝执行
    C. 向上级机关反映　D. 退回出具单位要求补办手续
11. 用以办理业务手续、记载业务发生或完成情况、明确经济责任的会计凭证是（　　）。
    A. 原始凭证　B. 记账凭证　C. 收款凭证　D. 付款凭证
12. 向银行提取现金准备发放职工工资的业务，应根据有关原始凭证填制（　　）。
    A. 收款凭证　B. 付款凭证　C. 转账凭证　D. 收款和付款凭证

二、多项选择题（每小题 2 分，共 20 分）

1. 外来原始凭证是（　　）。
   A. 从企业外部取得　B. 由会计人员填制
   C. 一次凭证　D. 加盖填制单位公章
   E. 在经济业务发生或完成时填制或取得
2. 原始凭证按其填制手续及方法的不同，可以分为（　　）。
   A. 转账凭证　B. 一次凭证
   C. 累计凭证　D. 汇总凭证
   E. 外来凭证
3. 关于原始凭证的填制，正确的说法有（　　）。
   A. 原始凭证上填制的经济业务内容和数字必须真实可靠
   B. 原始凭证应在经济业务发生或完成时立即填制
   C. 外来原始凭证，必须盖有填制单位的公章
   D. 加盖了“作废”戳记的原始凭证，应连同其存根一起保管，不得撕毁
   E. 收回职工借款时，可将原借款借据正联退还，不必另开收据
4. 在填制记账凭证时，错误的做法是（　　）。
   A. 编制复合会计分录
   B. 将不同类型业务的原始凭证合并填制一份记账凭证
   C. 一个月内的记账凭证连续编号
   D. 从银行提取现金时只填制现金收款凭证
   E. 更正错账的记账凭证可以不附原始凭证
5. 单位的职工出差归来报销差旅费并交回剩余现金的事项，根据差旅费报销单和收据，应填制的记账凭证有（　　）。
   A. 现金付款凭证　B. 现金收款凭证
   C. 银行收款凭证　D. 转账凭证
   E. 银行付款凭证
6. 属于记账凭证审核内容的有（　　）。
   A. 所附原始凭证的内容与记账凭证的内容是否一致
   B. 使用的会计科目是否正确
   C. 记账方向和金额是否正确
   D. 书写是否正确

E．各项目是否填写齐全、完整

7．记账凭证的填制，可以（　　）。

A．根据每一张原始凭证填制

B．根据若干张同类原始凭证汇总填制

C．根据原始凭证汇总表填制

D．根据账簿记录填制

E．不需要原始凭证，直接填制

8．属于原始凭证的有（　　）。

A．发票　　B．提货单

C．发出材料汇总表　　D．产品成本计算单

E．购货合同

9．限额领料单属于（　　）。

A．一次凭证　　B．原始凭证汇总表

C．累计凭证　　D．自制原始凭证

E．外来原始凭证

10．填制和审核会计凭证的意义有（　　）。

A．记录经济业务，提供记账依据　　B．明确经济责任，强化内部控制

C．监督经济活动，控制经济运行　　D．促进企业盈利，提高企业竞争力

E．便于对经济业务进行归类和整理

三、判断题（每小题 1 分，共 13 分）

1．原始凭证仅是填制记账凭证的依据，记账凭证才是登记账簿的依据。（　　）

2．企业每项交易或事项的发生都必须从外部取得原始凭证。（　　）

3．只要是真实的原始凭证，就可以作为收付财物和记账的依据。（　　）

4．原始凭证不能表明交易或事项归类的会计科目和记账方向。（　　）

5．记账凭证填制时出现错误，可按要求更改。（　　）

6．收付款记账凭证既是出纳人员收付款项的依据，也是登记总账、现金和银行存款日记账及有关明细账的依据。（　　）

7．为了避免重复记账，企业将现金存入银行或者从银行提取现金的事项，一般只填制收款凭证，不填制付款凭证。（　　）

8．原始凭证不得外借，其他单位如因特殊需要使用原始凭证时，会计人员可以为其复制。（　　）

9．保管期满的原始凭证，单位可以自行销毁。（　　）

10．通用记账凭证的格式和填制方法，与转账凭证的格式和填制方法相同。（　　）

11．在经济业务特别少的单位，其会计凭证可以不进行审核，直接作为登记账簿的依据。（　　）

12．在填制记账凭证时，对于总账科目，可只填科目编号，不填科目名称。（　　）

13．除期末结账和更正错账所填制的记账凭证可不附原始凭证外，其他记账凭证都必须附有原始凭证。（　　）

四、综合题（共 43 分）

某企业2017年4月发生下列经济业务，要求填制记账凭证并编制相应的会计分录（每个分录4分，第1小题13分，第2～第4小题各10分）。

1．根据下列经济业务填制增值税发票。

4月3日，兴兴食品厂销售给光华百货公司大米1 000千克，单价2.5元；小麦500千克，单价2元，共计价款3 500元，增值税款（销项税额）595元。收到支票已存银行。

兴兴食品厂的相关信息如下。

地址、电话：重庆市渝中区邹容路 70 号 8235674　　纳税人登记号：440003210809

开户银行及账号：中国工商银行重庆渝中支行 50023

光华百货公司的相关信息如下。

地址、电话：重庆市巴南区铠恩路 101 号 8952340　　纳税人登记号：440003210705

开户银行及账号：中国工商银行重庆巴南区支行 54627

重庆增值税发票（发票联）

开票日期：　　年　　月　　日　　No.××××××

<table>
<tr><td rowspan="2">购货单位</td><td>名　　称</td><td colspan="6"></td><td colspan="5">纳税人登记号</td><td colspan="6"></td></tr>
<tr><td>地址、电话</td><td colspan="6"></td><td colspan="5">开户银行及账号</td><td colspan="6"></td></tr>
<tr><td colspan="2" rowspan="2">商品或劳务名称</td><td rowspan="2">计量单位</td><td rowspan="2">数量</td><td rowspan="2">单价</td><td colspan="7">金额</td><td>税率</td><td colspan="6">税额</td></tr>
<tr><td>万</td><td>千</td><td>百</td><td>十</td><td>元</td><td>角</td><td>分</td><td>%</td><td>千</td><td>百</td><td>十</td><td>元</td><td>角</td><td>分</td></tr>
<tr><td colspan="2"></td><td></td><td></td><td></td><td></td><td></td><td></td><td></td><td></td><td></td><td></td><td></td><td></td><td></td><td></td><td></td><td></td><td></td></tr>
<tr><td colspan="2"></td><td></td><td></td><td></td><td></td><td></td><td></td><td></td><td></td><td></td><td></td><td></td><td></td><td></td><td></td><td></td><td></td><td></td></tr>
<tr><td colspan="2"></td><td></td><td></td><td></td><td></td><td></td><td></td><td></td><td></td><td></td><td></td><td></td><td></td><td></td><td></td><td></td><td></td><td></td></tr>
<tr><td colspan="2"></td><td></td><td></td><td></td><td></td><td></td><td></td><td></td><td></td><td></td><td></td><td></td><td></td><td></td><td></td><td></td><td></td><td></td></tr>
<tr><td colspan="2">合计</td><td></td><td></td><td></td><td></td><td></td><td></td><td></td><td></td><td></td><td></td><td></td><td></td><td></td><td></td><td></td><td></td><td></td></tr>
<tr><td colspan="2">价税合计（大写）</td><td colspan="17">万　仟　佰　拾　元　角　分　¥</td></tr>
<tr><td rowspan="2">销货单位</td><td>名　　称</td><td colspan="6"></td><td colspan="5">纳税人登记号</td><td colspan="6"></td></tr>
<tr><td>地址、电话</td><td colspan="6"></td><td colspan="5">开户银行及账号</td><td colspan="6"></td></tr>
</table>

收款人：张光　　开票单位：兴兴食品厂

会计分录：

2．5日，从物资公司购进小麦粉30 000千克，单价3.88元，共计价款116 400元，增值税税额19 788元，以银行转账付款。材料尚未入库。（附件2张）

付 款 凭 证

贷方科目：　　　　　　　　　　年　　月　　日　　　　　　　　　　字　　号

摘要	借方科目		金额								记账√
	总账科目	明细科目	十	万	千	百	十	元	角	分	
附件　张	合计										

会计主管：　　　记账：　　　出纳：　　　审核：　　　制证：

会计分录：

3．10日，百货公司销售甲产品1 000件，价款6 500元，增值税税额1 105元，价税合计7 605元，已收款送存银行。（附件3张）

收 款 凭 证

借方科目：　　　　　　　　　　年　　月　　日　　　　　　　　　　字　　号

摘要	贷方科目		金额								记账√
	总账科目	明细科目	十	万	千	百	十	元	角	分	
附件　张	合计										

会计主管：　　　记账：　　　出纳：　　　审核：　　　制证：

会计分录：

4．30日，分配本月应付职工工资40 000元。其中：生产甲产品生产工人工资15 000元，生产乙产品生产工人工资16 000元，生产车间管理人员工资5 000元，厂部行政管理人员工资4 000元。（附件1张）

转 账 凭 证

年　　月　　日　　　　　　　　　　字　　号

摘要	会计科目		借方金额								贷方金额								记账√
	总账科目	明细科目	十	万	千	百	十	元	角	分	十	万	千	百	十	元	角	分	
附件　张	合计																		

会计主管：　　　记账：　　　出纳：　　　审核：　　　制证：

会计分录：

复习测试题（二）

满分：100分　测试时间：100分钟

一、单项选择题（每小题2分，共24分）

1．原始凭证按照填制手续及方法不同，分为（　　）。

A．收款凭证、付款凭证和转账凭证

B．一次凭证、累计凭证和汇总凭证

C．外来凭证和自制凭证

D．通用凭证和专用凭证

2．属于汇总原始凭证的是（　　）。

A．差旅费报销单　　B．限额领料单

C．增值税专用发票　　D．工资结算单

3．关于原始凭证的填制，不正确的说法是（　　）。

A．不得以虚假的交易、事项或资金往来为依据填制原始凭证

B．从外单位取得的原始凭证，必须盖有填制单位的公章

C．一式多联的原始凭证，只能以一联用作报销凭证

D．收回职工借款时，可将原借款借据正联退还，不必另开收据

4．属于原始凭证的是（　　）。

A．银行对账单　　B．购销合同书

C．银行存款余额调节表　　D．账存实存对比表

5．应在其左上方填写借方科目的凭证是（　　）。

A．原始凭证　　B．收款凭证　　C．付款凭证　　D．转账凭证

6．某企业购入材料物资一批，货款付清，材料物资已验收入库。该项业务中，取得或填制的原始凭证包括增值税专用发票1张、银行结算凭证1张、收料单5张、收料凭证汇总表1张、则在记账凭证中注明的附件张数应为（　　）。

A．2张　　B．3张　　C．7张　　D．8张

7．可以不附原始凭证的是（　　）。

A．所有收款凭证　　B．所有付款凭证

C．所有转账凭证　　D．用于结账的记账凭证

8．填制记账凭证若发生了错误，正确的处理方法是（　　）。

A．重新填制记账凭证

B．更正并加盖公章

C．更正并加盖更正人员印章

D．更正并加盖更正人员印章和公章

9．不可以作为登记账簿依据的是（　　）。

A．原始凭证　　B．原始凭证汇总表

C．记账凭证　　D．经济业务合同

10．会计凭证划分为原始凭证和记账凭证两大类的依据是（　　）。

A．凭证填制的时间　　B．凭证填制的方法

C．凭证填制的程序和用途　　D．凭证反映的经济内容

11．销售商品一批，部分货款已收回并存入银行，另有部分货款尚未收回，应填制（　　）。

A．收款凭证和转账凭证　　B．付款凭证和转账凭证

C．收款凭证和付款凭证　　D．两张转账凭证

12．某单位2017年10月20日开具一张支票用于支付有关款项，其出票日期的正确填写方法是（　　）。

A．2017年10月20日　　B．贰零壹柒年拾月贰拾日

C．贰零壹柒年壹拾月贰拾日　　D．贰零壹柒年零壹拾月零贰拾日

二、多项选择题（每小题2分，共20分）

1．属于自制原始凭证的有（　　）。

A．工资结算单　　B．限额领料单

C．发料凭证汇总表　　D．销售货物时开出的增值税专用发票

E．购买货物时收到的增值税专用发票

2．属于原始凭证必须具备的内容有（　　）。

A．记账符号

B．经办人员的签名或者盖章

C．交易或事项的内容、数量、单价和金额

D．接受凭证单位的名称

E．填制凭证的单位名称或填制人姓名

3．属于原始凭证审核内容的有（　　）。

A．原始凭证的真实性　　B．原始凭证的合法性

C．原始凭证的完整性　　D．原始凭证的合理性

E．原始凭证的正确性

4．属于记账凭证应具备的基本内容的有（　　）。

A．经济业务的内容摘要

B．接受凭证单位的全称

C．经济业务所涉及的会计科目及其方向

D．经济业务的金额

E．记账凭证的顺序编号

5．对于收款凭证、付款凭证，应在记账凭证上签名或盖章的人员有（　　）。

A．记账凭证填制人员　　B．稽核人员

C．单位负责人　　D．出纳人员

E．会计主管人员

6．在已经装订好的记账凭证的封面上，应加盖印章的人员有（　　）。

A．记账凭证填制人　　B．记账凭证装订人

C．会计主管人员　　　　　　D．出纳人员

E．会计人员

7．规定会计凭证的传递程序时，应考虑的因素有（　　）。

A．经营管理上的需要

B．本单位交易或事项的特点

C．本单位内部机构设置和人员分工情况

D．会计人员的业务水平

E．本单位经营规模的大小

8．属于汇总原始凭证的是（　　）。

A．差旅费报销单　　　　　　B．限额领料单

C．增值税专用发票　　　　　D．工资结算汇总表

E．发出材料汇总表

9．付款凭证左上角的贷方科目可能是（　　）。

A．“应付账款”　　　　　　B．“库存现金”

C．“固定资产”　　　　　　D．“银行存款”

E．“实收资本”

10．会计科目与账户之间的关系为（　　）。

A．科目是账户的名称，账户是根据科目开设的

B．科目就是账户

C．账户是会计科目的具体运用

D．科目、账户都是对会计对象具体内容的科学分类，两者核算口径一致，性质相同

E．会计科目只是名称、无结构，账户则既有名称、又有格式和结构

三、判断题（每小题1分，共13分）

1．任何会计凭证都必须经过有关人员的严格审核并确认无误后，才能作为记账的依据。（　　）

2．在证明交易或事项发生，据以填制记账凭证的作用方面，自制原始凭证与外来原始凭证具有同等的效力。（　　）

3．从会计工作的程序来看，取得、填制和审核会计凭证是会计工作的开始环节。（　　）

4．自制原始凭证必须由单位会计人员自行填制。（　　）

5．原始凭证金额出现错误的，应采用划线更正法进行更正。（　　）

6．所有记账凭证都必须附有原始凭证并如实填写所附原始凭证的张数。（　　）

7．在填制记账凭证时，可以只填会计科目的编号，不填会计科目名称，以简化记账凭证的填制。（　　）

8．一式几联的原始凭证，应当注明各联的用途，只能以一联作为报销凭证。（　　）

9．从外单位取得的原始凭证如有遗失，必须由开具单位重新开具。（　　）

10．会计凭证的传递，是指原始凭证从取得到填制完记账凭证时止，在单位内部有关部门及人员之间的传递程序和传递时间。（　　）

11．记账凭证的“过账”栏内用“√”表示已审核完毕。（　　）

12．转账凭证是根据不涉及现金和银行存款业务的原始凭证填制的。（　　）

13．企业每项交易或事项的发生都必须从外部取得原始凭证。（　　）

四、综合题（共43分）

北京腾飞实业有限公司2017年3月发生下列经济业务，要求填制相关凭证并编制相应的会计分录。（每个分录3分，第1小题共10分，第2小题共16分，第3小题共17分。）

1．2017年3月22日，北京腾飞实业有限公司向北京创业有限公司销售联想计算机20台，不含税单价6 000元，增值税税率17%，已收款，收款人刘实。李雁是该公司的会计，凭销售部及仓库送来的出库单，开具一份增值税专用发票。

北京腾飞实业有限公司的信息如下。

地址、电话：北京市通州区第六大街118号 67114408

税号：369330279586402　　　　开户银行：中国工商银行通州分行

账号：28736946999

北京创业有限公司的信息如下。

地址、电话：北京市通州区红旗北路216号 67114510　　　税号：366431284500736

开户银行：中国农业银行通州分行　　　　　账号：21027660222

北京增值税发票（发票联）

开票日期：　　年　　月　　日　　　　　　　　No.××××××

购货单位	名称		纳税人登记号	
	地址、电话		开户银行及账号	

商品或劳务名称	计量单位	数量	单价	金额								税率	税额						
				十	万	千	百	十	元	角	分	%	万	千	百	十	元	角	分
合计																			
价税合计（大写）		十 万 仟 佰 拾 元 角 分　¥______																	

销货单位	名称		纳税人登记号	
	地址、电话		开户银行及账号	

收款人：　　　　　　　　开票单位：

会计分录：

2．2017年3月23日，北京腾飞实业有限公司采购部王刚外出采购商品，预借差旅费7 500元。请完成该张借款单的填写并编制相关凭证。

借 款 单

年　月　日　　　　　　　　　　No.08517

借款单位：		
借款理由：		
借款数额：人民币（大写）　　　　¥		
本单位负责人意见：	借款人：	
会计主管核批：	付款方式：	出纳：

付 款 凭 证

贷方科目：　　　　年　月　日　　　　字第　　号

摘要	借方总账科目	明细科目	记账√	金额									
				千	百	十	万	千	百	十	元	角	分
合计													

附单据　张

财务主管：　　记账：　　出纳：　　审核：　　制单：

会计分录：

3．2017年3月28日，北京腾飞实业有限公司采购部王刚报销差旅费6 800元，退回多余款700元。请完成记账凭证的填写工作（假设凭证编号为×字000号）。

收 款 凭 证

借方科目：　　　　年　月　日　　　　字第　　号

摘要	贷方总账科目	明细科目	记账√	金额									
				千	百	十	万	千	百	十	元	角	分
合计													

附单据　张

财务主管：　　记账：　　出纳：　　审核：　　制单：

会计分录：

转 账 凭 证

年　月　日　　　　转字第　号

摘要	总账科目	明细科目	记账√	借方金额										记账√	贷方金额									
				千	百	十	万	千	百	十	元	角	分		千	百	十	万	千	百	十	元	角	分
合计																								

附单据　张

财务主管：　　记账：　　出纳：　　审核：　　制单：

会计分录：

第五章　会 计 账 簿

复习测试题（一）

满分：100分　测试时间：100分钟

一、单项选择题（每小题2分，共40分）

1. 登记会计账簿的依据是（　　）。
   A. 经济业务　B. 会计凭证　C. 会计分录　D. 会计科目
2. 将账簿划分为序时账簿、分类账簿和备查账簿的依据是（　　）。
   A. 账簿的用途　B. 账页的格式　C. 账簿的外形特征　D. 账簿的性质
3. “管理费用”明细账应采用（　　）。
   A. 三栏式　B. 多栏式　C. 数量金额式　D. 横线登记式
4. 从银行提取现金，登记现金日记账的依据是（　　）。
   A. 库存现金收款凭证　B. 银行存款收款凭证
   C. 库存现金付款凭证　D. 银行存款付款凭证
5. 对账工作中属于账实核对的是（　　）。
   A. 银行存款日记账与银行对账单核对
   B. 总分类账与所属明细分类账核对
   C. 会计部门的财产物资明细账与财产物资保管部门的有关明细账相核对
   D. 总分类账与日记账核对
6. 会计账簿暂由本单位财务会计部门保管（　　），期满之后，由财务会计部门编造清册移交本单位的档案部门保管。
   A. 1年　B. 3年　C. 5年　D. 10年
7. 总分类账及特种日记账的外形特征一般为（　　）。
   A. 活页式　B. 卡片式　C. 订本式　D. 任意外形
8. （　　）就是核对账目，是指对账簿记录所进行的核对工作。
   A. 对账　B. 结账　C. 错账更正　D. 试算平衡
9. 新年度开始启用新账时，可以继续使用不必更换新账的是（　　）。
   A. 总分类账　B. 银行存款日记账
   C. 固定资产卡片　D. 管理费用明细账
10. 会计人员在结账前发现，根据记账凭证登记入账时误将600元写成6 000元，而记账凭证无误，应采用的更正方法是（　　）。
   A. 补充登记法　B. 划线更正法　C. 红字更正法　D. 横线登记法
11. 可以采用补充登记法更正的是（　　）。
   A. 记账后发现记账凭证填写的会计科目无误，只是所记金额小于应记金额
   B. 在结账前发现账簿记录有文字或数字错误，而记账凭证没有错误
   C. 记账后在当年内发现记账凭证所记的会计分录错误
   D. 记账后在当年内发现记账凭证所记金额大于应记金额
12. “租入固定资产登记簿”属于（　　）。
   A. 分类账簿　B. 序时账簿　C. 备查账簿　D. 卡片账簿
13. 账簿中书写的文字和数字一般应占格距的（　　）。
   A. 1/3　B. 1/2　C. 2/3　D. 3/4
14. 出纳人员每天工作结束前都要将库存现金日记账结清并与库存现金实存数核对，这属于（　　）核对。
   A. 账账　B. 账证　C. 账实　D. 账表
15. 在启用之前就已将账页装订在一起，并对账页进行了连续编号的账簿称为（　　）。
   A. 订本账　B. 活页账　C. 卡片账　D. 联合式账
16. 对某些在日记账簿和分类账簿等主要账簿中都不予登记或登记不够详细的经济业务事项进行补充登记使用的账簿称为（　　）。
   A. 日记账　B. 总分类账簿　C. 备查账簿　D. 联合账簿
17. 设置和登记会计账簿是（　　）的基础。
   A. 复式记账　B. 填制记账凭证　C. 编制会计分录　D. 编制财务报表
18. 账簿按（　　）不同，可分为订本账、活页账和卡片账。
   A. 作用　B. 账页格式　C. 用途　D. 外表形式
19. 下列记账错误中，适合用除二法进行查找的是（　　）。
   A. 数字错位　B. 倒码　C. 反方　D. 漏记或重记
20. 原材料总分类账应采用（　　）账簿。
   A. 三栏式　B. 数量金额式　C. 多栏式　D. 横线登记式

二、多项选择题（每小题2分，共20分）

1. 对账的内容一般包括（　　）。
   A. 账证核对　B. 账账核对
   C. 账实核对　D. 账表核对
   E. 账书核对
2. 只需反映金额指标的有（　　）。
   A. 实收资本总账　B. 原材料明细账
   C. 库存商品明细账　D. 短期借款明细账
   E. 应付账款明细账
3. 会计账簿按经济用途的不同，可以分为（　　）。
   A. 序时账簿　B. 分类账簿
   C. 三栏式账簿　D. 备查账簿
   E. 订本账簿
4. 一般采用多栏式的有（　　）。
   A. 收入明细账　B. 债权明细账
   C. 费用明细账　D. 债务明细账
   E. 原材料明细账

5．会计账簿的基本内容有（　　）。

A．封面　　B．封底

C．扉页　　D．账页

E．目录

6．登记账簿时，除银行的复写账簿外，不得使用（　　）书写。

A．蓝黑墨水笔　　B．碳素墨水笔

C．圆珠笔　　D．铅笔

E．蜡笔

7．可以用红色墨水记账的有（　　）。

A．在不设借贷等栏的多栏式账页中，登记减少数

B．按照红字冲账的记账凭证，冲销错误记录

C．在三栏式账户的余额栏前，如未印明余额方向的，在余额栏内登记负数余额

D．根据国家统一的会计制度的规定可以用红字登记的其他会计记录

E．结账时画通栏线

8．一般采用数量金额式的账簿有（　　）。

A．原材料明细账　　B．库存商品明细账

C．应收账款明细账　　D．固定资产明细账

E．应付账款明细账

9．下列对账工作中，属于账账核对的有（　　）。

A．银行存款日记账与银行对账单的核对

B．应收、应付款项明细账与债权债务单位账项核对

C．财产物资明细账与财产物资保管明细账核对

D．现金日记账余额与库存现金总账余额核对

E．现金日记账与保险柜里的库存现金核对

10．属于错账产生的原因的有（　　）。

A．重记　　B．漏记

C．数字颠倒　　D．数字记错

E．数字错位

三、判断题（每小题1分，共20分）

1．现金日记账和银行存款日记账的外表形式必须采用订本式账簿。（　　）

2．记账以后，发现记账凭证中应借应贷科目错误，应采用红字更正法更正。（　　）

3．任何单位都必须设置总分类账。（　　）

4．所有总分类账的外表形式都必须采用订本式账簿。（　　）

5．记账以后，发现记账凭证和账簿记录中应借应贷的会计科目无误，只是金额有错误，且所错记的金额小于应记的正确金额，可采用红字更正法更正。（　　）

6．为保持账簿记录的持久性，防止涂改，记账时必须使用蓝黑墨水或碳素墨水，并用钢笔书写，不得使用铅笔或圆珠笔书写。（　　）

7．会计账簿是连接会计凭证与会计报表的中间环节，在会计核算中具有承前启后的作用，是编制会计报表的基础。（　　）

8．多栏式明细账一般适用于资产类账户。（　　）

9．由于记账凭证错误而造成的账簿记录错误，可采用划线更正法进行更正。（　　）

10．用划线更正法时，只要将账页中个别错误数字划上红线，再填上正确数字即可。（　　）

11．记账凭证中会计账户、记账方向正确，但所记金额大于应记金额而导致账簿登记金额增加的情况，可采用补充登记法进行更正。（　　）

12．明细分类账一般是逐笔登记，也可以定期汇总登记。（　　）

13．明细分类账可以根据原始凭证直接登记，也可以根据汇总原始凭证登记，还可以根据记账凭证登记。（　　）

14．对账就是在会计期末（月末、季末、年末）将本期内所有发生的经济业务全部登记入账以后，计算出本期发生额和期末发生额。（　　）

15．账簿只是一个外在形式，账户才是它的真实内容，账簿与账户的关系，是形式和内容的关系。（　　）

16．登记账簿时一般用蓝黑墨水笔或碳素墨水笔满格书写。（　　）

17．备查账簿的主要栏目不记录金额，它更注重用文字来表述某项经济业务的发生情况；备查账簿根据企业的实际需要设置，没有固定的格式要求。（　　）

18．为了加强对货币资金的管理，各单位都应当设置现金日记账和银行存款日记账。（　　）

19．序时账簿又称为日记账，是按经济业务发生或完成时间的先后顺序逐日逐笔进行登记的账簿。（　　）

20．在贷方多栏式明细账中，平时如果发生借方发生额，应该用红字在贷方中登记。（　　）

四、业务分析题（每题5分，共计20分）

宏大企业2017年3月20日购买一批材料，价款100 000元，尚未付款，材料验收入库。原记账凭证内容为

借：原材料　　100 000

　　贷：应付账款　　100 000

会计人员在进行账务处理时，发生了以下错误：

（1）在记账凭证中，会计人员误将“原材料”科目写成“库存商品”科目。

（2）在记账凭证中，会计人员误将金额写为1 000 000元。

（3）在记账凭证中，会计人员误将金额写为10 000元。

（4）记账凭证没有错误，会计人员在登记入账时误记为10 000元。

针对不同的错误，分别指出应采用的更正方法，并为该会计人员进行更正。

复习测试题（二）

满分：100分　测试时间：100分钟

一、单项选择题（每小题2分，共40分）

1．适合采用多栏式明细账格式核算的是（　　）。

A．原材料　　B．制造费用　　C．应付账款　　D．库存商品

2．更正错账时，划线更正法的适用范围是（　　）。

A．记账凭证上会计科目或记账方向错误，导致账簿记录错误

B．记账凭证正确，在记账时发生错误，导致账簿记录错误

C．记账凭证上会计科目或记账方向正确，所记金额大于应记金额，导致账簿记录错误

D．记账凭证上会计科目或记账方向正确，所记金额小于应记金额，导致账簿记录错误

3．登记账簿时，错误的做法是（　　）。

A．文字和数字的书写占格距的 1/2

B．使用圆珠笔书写

C．用红字冲销错误记录

D．在发生的空页上注明“此页空白”

4．下列选项中做法错误的是（　　）。

A．现金日记账采用三栏式账簿

B．产成品明细账采用数量金额式账簿

C．生产成本明细账采用三栏式账簿

D．制造费用明细账采用多栏式账簿

5．对账时，账账核对不包括（　　）。

A．总账各账户的余额核对　　B．总账与明细账之间的核对

C．总账与备查账之间的核对　　D．总账与日记账的核对

6．活页式账簿一般适用于（　　）。

A．总分类账　　B．现金日记账

C．固定资产明细账　　D．大多数明细分类账

7．年终结账时，要在总账“摘要”栏内注明“本年合计”字样，结出全年发生额和年末余额，并在合计数（　　）。

A．上方通栏画单红线　　B．下方通栏画单红线

C．上方通栏画双红线　　D．下方通栏画双红线

8．在账簿的两个基本栏目借方和贷方按需要分设若干专栏的账簿称为（　　）。

A．三栏式账簿　　B．多栏式账簿　　C．数量金额式账簿　D．两栏式账簿

9．在登记账簿过程中，每一账页的最后一行及下一页第一行都要办理转页手续，是为了（　　）。

A．便于查账　　B．防止遗漏

C．防止隔页　　D．保持记录的连续性

10．可以跨年度连续使用的账簿是（　　）。

A．日记账　　B．总分类账　　C．多数明细账　　D．备查账簿

11．编制会计报表的主要依据是（　　）提供的核算信息。

A．分类账簿　　B．备查账簿　　C．科目汇总表　　D．日记账

12．企业开出转账支票1 790元购买办公用品，编制记账凭证时，误记金额为1 970，科目及方向无误并已记账，应采用的更正方法是（　　）。

A．把错误凭证撕掉重编　　B．在凭证划线更正

C．红字冲销 180 元　　D．补充登记 180 元

13．一般情况下，不需要根据记账凭证登记的账簿是（　　）。

A．总分类账　　B．明细分类账　　C．日记账　　D．备查账簿

14．（　　）能提供某一类经济业务增减变化总括会计信息。

A．明细分类账　　B．日记账　　C．备查账簿　　D．总分类账

15．关于活页式账簿，说法不正确的是（　　）。

A．活页式账簿是将所需要的零散账页存放于账夹之内，可以随时取放

B．活页式账簿可根据需要增加账页，便于记账工作的分工，但易于散失或被抽换

C．活页式账簿在使用时连续编号，登记使用完后装订成册

D．明细分类账多为订本式账簿

16．对“开出现金支票支付机器设备修理费51 000元”这项业务，若发生记账错误，正确的做法是（　　）。

A．若编记账凭证时无误，账簿记录中将 51 000 元误记为 15 000 元，应采用补充登记法予以更正

B．若编记账凭证时将 51 000 元误记为 510 000 元，会计科目正确，且已登记入账，应采用划线更正法予以更正

C．若编记账凭证时贷记“库存现金”账户，金额记为 15 000 元，且已登记入账，应采用补充登记法予以更正

D．若编记账凭证时借记“生产成本”账户且已登记入账，应采用红字更正法予以更正

17．其他应收款明细账，一般应采用（　　）。

A．三栏式账簿　　B．多栏式账簿

C．数量金额式账簿　　D．横线登记式账簿

18．关于会计账簿更换与保管，不正确的做法是（　　）。

A．会计账簿的更换通常在新会计年度建账时进行

B．为明确会计人员责任，登记某种账簿的人员，不必对该账簿的保管负责，应由保管会计档案的人员负责

C．每日登记账簿，注意书写整齐清洁，不得涂污，避免账页破损，保持账本完整

D．按有关规定使用账簿，账簿不得外借

19. 关于总账保管年限，说法正确的是（　　）年。

A. 5　　B. 10　　C. 15　　D. 25

20. 某企业预借给职工差旅费1 000元，会计人员在作账务处理时，误将“其他应收款”科目填为“其他货币资金”科目，并登记入账，则正确的更正方法是红字注销，借记“其他货币资金”账户1 000元，贷记“库存现金”账户1 000元，然后用蓝字编制凭证，会计分录为（　　）。

A. 借：库存现金　　1 000
　　贷：其他货币资金　　1 000

B. 借：其他货币资金　　1 000
　　贷：其他应收款　　1 000

C. 借：其他应收款　　1 000
　　贷：库存现金　　1 000

D. 借：其他应收款　　1 000
　　贷：其他货币资金　　1 000

二、多项选择题（每小题 2 分，共 20 分）

1. 可以作为现金日记账借方登记的依据的是（　　）。

A. 现金收款凭证　　B. 现金付款凭证
C. 银行存款收款凭证　　D. 银行存款付款凭证
E. 转账凭证

2. 可以作为总分类账登记依据的是（　　）。

A. 记账凭证　　B. 科目汇总表
C. 汇总记账凭证　　D. 明细账
E. 银行存款日记账

3. 下列说法正确的是（　　）。

A. 应收账款明细账可以采用三栏式格式
B. 原材料明细账可以采用数量金额式格式
C. 生产成本明细账可以采用数量金额式格式
D. 应收票据业务可以采用横线登记式格式
E. 本年利润明细账可以采用多栏式格式

4. 不同类型经济业务的明细分类账，可根据管理需要，依据（　　）逐日逐笔登记或定期登记。

A. 记账凭证　　B. 科目汇总表
C. 原始凭证　　D. 汇总原始凭证
E. 汇总记账凭证

5. 账证核对指的是核对会计账簿记录与原始凭证、记账凭证的（　　）是否一致，记账方向是否相符。

A. 时间　　B. 凭证字号
C. 内容　　D. 金额
E. 记账方向

6. 属于账实核对的是（　　）。

A. 现金日记账账面余额与现金实际库存数的核对
B. 现金日记账与现金总账金额的核对
C. 财产物资明细账账面余额与财产物资实存数额的核对
D. 应收、应付款明细账账面余额与债务、债权单位核对
E. 银行存款日记账账面余额与银行对账单的核对

7. 查找错账的方法包括（　　）。

A. 差数法　　B. 尾数法
C. 除二法　　D. 除九法
E. 除六法

8. 出纳人员可以登记和保管的账簿是（　　）。

A. 现金日记账　　B. 银行存款日记账
C. 现金总账　　D. 银行存款总账
E. 应收账款明细账

9. 必须逐日结出余额的账簿是（　　）。

A. 现金总账　　B. 银行存款总账
C. 现金日记账　　D. 银行存款日记账
E. 固定资产总账

10. 属于结账工作的有（　　）。

A. 清点库存现金
B. 按照权责发生制对有关账项进行调整
C. 结算有关账户的本期发生额及期末余额
D. 编制试算平衡表
E. 按规定在账簿上办理结账手续

三、判断题（每小题 1 分，共 20 分）

1. 会计账簿是指由一定格式账页组成的，以会计凭证为依据，全面、系统、连续地记录各项经济业务的簿籍。（　　）

2. 在登记账簿时如果发生隔页、跳行，可以在空页、空行处用蓝色墨水笔画对角线注销。（　　）

3. 所有的明细账，年末时都必须更换。（　　）

4. 登记账簿时，发生的空行、空页一定要补充书写，不得注销。（　　）

5. 由于编制的记账凭证会计科目错误，导致账簿记录错误，更正时，可以将错误的会计科目画红线注销，然后，在红线上方填写正确的会计科目。（　　）

6. 期末对账，就是指将会计账簿与原始凭证、记账凭证核对。（　　）

7. 企业的序时账簿和分类账簿必须采用订本账。（　　）

8. 结账时，没有余额的账户，应当在“借或贷”栏内用“0”表示。（　　）

9. 为便于管理，“应收账款”和“应付账款”的明细账必须采用多栏式明细分类账格式。（　　）

10．对需要结计本年累计发生额的账户，结计“过次页”的本页合计数应为年初起至本页末止的累计数。（　　）

11．应收账款明细账户若出现贷方余额，而该账户的“余额”栏前又未印明余额方向的，应用红字登记其余额。（　　）

12．账簿记录正确并不一定保证账实相符。（　　）

13．启用账簿时，应当在账簿封面上写明单位名称和账簿名称，并账簿扉页上附启用表。（　　）

14．活页账簿的优点是使用中不用装订成册，比较灵活，平时在使用过程中把账页存放在活页账夹内，可以随时取放，待年终才装订成册，因此可以随意抽换账页。（　　）

15．总分类账和明细分类账的平行登记是对所发生的每一笔经济业务，都要以会计凭证为依据，一方面记入有关总分类账户，另一方面记入该总分类账户所属的明细分类账户的方法。（　　）

16．账簿记录发生错误时，不得刮、擦、挖补，但可以在领导同意的情况下进行涂改。（　　）

17．采用划线更正法，错误的数字和文字都应全部划线更正，不得只更正其中的错误数字或文字。（　　）

18．年度终了，各种账户在结转下年、建立新账后，一般要把旧账送交档案部门保管。（　　）

19．年终结账时，有余额的账户，要将其余额都要以同方向直接记入新账的账户中，并注明“上年结转”字样，无须编制记录凭证。（　　）

20．期末进行试算平衡时，发现所有总分类科目的本期借方发生额合计数与所有总分类科目的本期贷方发生额合计数不相等，则说明科目记录不正确。（　　）

四、业务分析题（每题 5 分，共计 20 分）

某企业在月末结账前，经对账，发现以下错误，要求按规定的更正方法进行更正。

1．结转完工入库产品成本，价值为150 000元，记账凭证误编如下，并已登账。

借：库存商品　　150 000

　　贷：制造费用　　150 000

2．生产车间生产产品领用原材料，价值86 000元，记账凭证误编如下，并已登账。

借：生产成本　　68 000

　　贷：原材料　　68 000

3．支付本月产品广告费89 000元，记账凭证误编如下，并已登账。

借：销售费用　　98 000

　　贷：银行存款　　98 000

4．以银行存款10 000元偿还应付购货款，记账凭证误编如下，并已登账。

借：应收账款　　10 000

　　贷：银行存款　　10 000

第六章　主要经济业务的核算

复习测试题（一）

满分：100分　测试时间：100分钟

一、单项选择题（每小题 2 分，共 24 分）

1.（　　）不应当计入当期损益的。

A．管理费用　B．财务费用　C．所得税费用　D．制造费用

2．不能计入产品成本的是（　　）。

A．制造费用　B．原材料　C．工资及福利　D．管理费用

3．资本公积是企业（　　）中的主要组成部分。

A．资产　B．负债　C．所有者权益　D．收入

4．采购员出差预借差旅费时，应借记（　　）账户。

A．“其他应收款”　B．“管理费用”　C．“原材料”　D．“制造费用”

5．“生产成本”账户属于（　　）账户。

A．所有者权益类　B．成本类

C．资产类　D．负债类

6．“累计折旧”账户属于（　　）账户。

A．所有者权益类　B．成本类

C．资产类　D．负债类

7．不属于存货核算范围的是（　　）。

A．原材料　B．在产品　C．库存商品　D．固定资产

8．直接记入“管理费用”账户借方的支出有（　　）。

A．职工报销的差旅费　B．短期借款利息

C．捐赠支出　D．广告费

9．企业收到投资者投入设备一台，原价50 000元，双方评估确认价60 000元（暂不考虑固定资产增值税问题），则“实收资本”账户贷方登记的金额为（　　）元。

A．60 000　B．50 000　C．10 000　D．70 000

10．借：资本公积；贷：实收资本。这笔会计分录反映的经济业务是（　　）。

A．提取资本公积

B．将资本公积转增注册资本

C．将实收资本转增资本公积

D．冲销资本公积和实收资本

11．某生产企业根据发料凭证汇总表的记录，2017年4月，生产车间生产A产品领用甲材料20 000元，车间管理部门领用甲材料5 000元，企业行政管理部门领用甲材料2 000元。该企业的会计处理正确的是（　　）。

A．借：生产成本——A 产品　25 000
　　　管理费用　2 000
　　贷：原材料　27 000

B．借：生产成本——A 产品　20 000
　　　管理费用　7 000
　　贷：原材料　27 000

C．借：生产成本——A 产品　20 000
　　　制造费用　5 000
　　　管理费用　2 000
　　贷：原材料　27 000

D．借：生产成本——A 产品　20 000
　　　销售费用　5 000
　　　制造费用　2 000
　　贷：原材料　27 000

12．应记入“管理费用”账户的有（　　）。

A．生产产品领用的材料　B．生产工人的工资

C．管理部门办公费　D．销售部门人员福利费

二、多项选择题（每小题 2 分，共 20 分）

1．“预付账款”账户借方登记的是（　　）。

A．企业预付的款项

B．企业按合同规定尚未支付的金额

C．企业因购货而预收的款项

D．企业按合同补付的款项

E．企业收到的预付账款

2．职工福利费是企业用于职工福利方面的耗费，借方应记入（　　）账户。

A．“生产成本”　B．“管理费用”

C．“制造费用”　D．“应付职工薪酬”

E．“财务费用”

3．某投资者决定从甲公司退出，甲公司以银行存款退还其原投资50万元，同时注销等额的注册资本。下列表述正确的有（　　）。

A．借记“银行存款”账户　B．贷记“实收资本”账户

C．贷记“银行存款”账户　D．借记“实收资本”账户

E．贷记“资本公积”账户

4．企业根据职工提供服务的受益对象进行职工薪酬分配时，下列表述正确的有（　　）。

A．属于产品生产人员的薪酬，应记入“生产成本”账户

B．属于车间管理人员的薪酬，应记入“制造费用”账户

C．属于销售人员的薪酬，应记入“销售费用”账户

D. 属于财务人员的薪酬，应记入“财务费用”账户

E. 属于行政管理人员的薪酬，应记入“管理费用”账户

5. 属于费用的有（　　）。

A. 营业成本　　B. 生产成本

C. 期间费用　　D. 营业外支出

E. 制造费用

6. 企业用银行存款偿还短期借款，引起（　　）。

A. 资产增加　　B. 资产减少

C. 负债增加　　D. 负债减少

E. 所有者权益减少

7. 材料领用的核算可能涉及的账户有（　　）。

A.“原材料”　　B.“应付账款”

C.“制造费用”　　D.“生产成本”

E.“银行存款”

8. 应记入“生产成本”账户借方的费用有（　　）。

A. 产品生产工人工资

B. 工厂总部修理办公设施耗用的原材料

C. 车间固定资产的折旧费

D. 生产产品耗用的原材料

E. 车间管理人员的工资

9. 应记入“制造费用”账户的项目有（　　）。

A. 生产车间的固定资产折旧费

B. 生产车间机器设备的修理费

C. 管理部门的水电费

D. 生产车间的办公费

E. 车间管理人员的工资

10. 属于企业债权的是（　　）。

A. 应付利息　　B. 应收利息

C. 应付账款　　D. 预付账款

E. 预收账款

三、判断题（每小题1分，共13分）

1.“制造费用”账户的贷方登记期末转入“本年利润”账户的费用。（　　）

2. 产品销售成本=产品销售数量×单位售价。（　　）

3. 生产车间使用固定资产的折旧属于制造费用。（　　）

4. 如果没有在产品，则本月发生的生产费用就是本月完工产品成本。（　　）

5. 制造费用属于间接费用，与产品生产无直接联系不计入产品成本，可直接计入当期损益。（　　）

6. 固定资产因耗损而减少的价值应记入“固定资产”账户的贷方。（　　）

7. 企业应按月计提固定资产折旧，并根据用途分别计入相关资产的成本或当期损益。（　　）

8. 凡是固定资产，其使用年限必须超过一个会计年度。（　　）

9.“制造费用”账户期末在费用结转后一般没有余额。（　　）

10.“资本公积”账户的贷方余额表示投入资本的结余数。（　　）

11. 公益救济性捐赠不属于企业营业外支出。（　　）

12. 企业出售无形资产和出租无形资产取得的收益，均应作为其他业务收入。（　　）

13. 职工报销差旅费退回余额时应借记“其他应收账款”账户。（　　）

四、业务分析题（第1小题4分，其余每小题3分，共43分）

根据某企业发生的下列经济业务编制会计分录。

（1）企业购进甲材料一批，价款60 000元，增值税进项税额12 000元，运杂费400元，材料已验收入库，款项用银行存款支付。

（2）企业收到某公司投入机器设备一台，双方协商按账面原值115 000元入账。

（3）企业以银行存款支付前欠供应单位的购料款23 400元。

（4）企业收到红光公司前欠货款28 900元。

（5）以银行存款购入办公用品1 500元，其中车间用办公用品500元，管理部门用办公用品1 000元。

（6）以银行存款支付广告费20 000元。

（7）因临时需要，向银行申请三个月借款50 000元，存入银行存款账户。

（8）经批准将资本公积120 000元转增注册资本。其中国家资本70 000元，法人资本50 000元。

（9）采购员小刘出差预借差旅费1 000元，用现金付讫。

（10）刘某出差回来，报销差旅费510元，超支10元，用现金付讫。

（11）用银行存款支付销售产品时发生的保险费30 000元。

（12）用银行存款支付生产车间修理费1 300元。

（13）用银行存款向地震灾区捐款50 000元。

（14）收到罚款收入1 000元，存入银行。

复习测试题（二）

满分：100分　测试时间：100分钟

一、单项选择题（每小题2分，共24分）

1．不计入销售费用的有（　　）。

A．广告费　　B．销售物资支付的运杂费

C．采购物资支付的运杂费　　D．产品展览费

2．不需要将余额结转到“本年利润”账户的是（　　）。

A．管理费用　　B．制造费用　　C．财务费用　　D．销售费用

3．不通过“营业外支出”账户核算的是（　　）。

A．违约罚款支出　　B．公益性捐赠支出

C．盘亏固定资产净损失　　D．公司办公费

4．盈余公积是按（　　）的一定比例提取的。

A．利润总额　　B．年初未分配利润

C．所有者权益总额　　D．净利润

5．不属于损益类账户的有（　　）。

A．“投资收益”　　B．“本年利润”　　C．“所得税费用”　　D．“主营业务成本”

6．计提短期借款利息记入（　　）账户的借方。

A．“管理费用”　　B．“投资收益”　　C．“应付利息”　　D．“财务费用”

7．下列不能计入产品成本的是（　　）。

A．分配制造费用　　B．生产领用原材料

C．工人工资及福利费　　D．管理费用

8．“主营业务成本”账户的借方登记从（　　）账户中结转的本期已售产品的生产成本。

A．“生产成本”　　B．“库存商品”

C．“应付职工薪酬”　　D．“主营业务收入”

9．企业购入材料发生的运杂费等采购费用应计入（　　）。

A．管理费用　　B．材料物资的采购成本

C．生产成本　　D．应付职工薪酬

10．8月31日“本年利润”账户有贷方余额50 000元，表示（　　）。

A．8月份实现利润50 000元

B．8月31日实现利润50 000元

C．1月1日至8月31日共计实现的利润为50 000元

D．1月1日年初未分配利润为50 000元

11．企业应交纳的教育费附加应记入（　　）账户的贷方。

A．“税金及附加”　　B．“应交税费”

C．“其他应交款”　　D．“银行存款”

12．“所得税费用”账户的贷方登记（　　）。

A．转入“本年利润”账户的所得税

B．实际缴纳的所得税

C．应由本企业负担的税费

D．转入“生产成本”账户的税费

二、多项选择题（每小题2分，共20分）

1．企业销售商品时借方可能涉及的会计科目有（　　）。

A．“库存现金”　　B．“银行存款”

C．“应收账款”　　D．“预收账款”

E．“应收票据”

2．属于利润分配内容的有（　　）。

A．弥补以前年度亏损　　B．归还借款

C．向投资者分配利润　　D．提取盈余公积

E．盈余公积转增资本

3．销售产品成本不等于（　　）。

A．销售产品数量×销售产品单价

B．销售产品数量×销售产品单位生产成本

C．销售产品数量×销售总成本

D．销售产品数量×销售产品发生的费用

E．销售产品单位生产成本

4．产品生产成本包括（　　）。

A．生产产品耗用直接人工　　B．生产产品耗用的直接材料

C．分配转入产品成本的制造费用　　D．管理费用

E．财务费用

5．材料物资的采购成本包括（　　）。

A．买价　　B．运输途中的合理损耗

C．采购材料物资时发生运杂费　　D．入库前的整理挑选费

E．国外进口物资应负担的进口关税

6．“销售费用”账户借方登记的是（　　）

A．广告费　　B．销售产品发生的运杂费

C．展览费　　D．车间房屋折旧费用

E．销售人员的薪酬

7．“本年利润”账户是用来核算企业（　　）经济业务。

A．企业实现的净利润　　B．发生的净亏损

C．亏损的弥补　　D．转入的净利润

E．向投资者分配的利润

8．主营业务收入是指企业销售（　　）等主营业务收入。

A．销售商品　　B．销售材料

C．提供劳务　　D．销售固定资产

E．收到企业前欠货款

9．（　　）账户期末没有余额。

A．“财务费用”　　B．“生产成本”

C．“所得税费用”　　D．“其他业务成本”

E．“营业外收入”

10．营业外支出包括（　　）。

A．非流动资产处置损失　　B．固定资产盘亏

C．非常损失　　D．公益性捐赠支出

E．出售固定资产净损失

三、判断题（共13小题，每小题1分，共13分）

1．无法支付应付账款，应将其结转到营业外收入。（　　）

2．提取盈余公积不会影响留存收益的变化，向股东分配利润会减少留存收益。（　　）

3．“投资收益”账户只用来核算企业的投资收益。（　　）

4．企业应交所得税等于企业利润总额乘以所得税税率。（　　）

5．材料物资的采购成本包括材料的买价和运杂费。（　　）

6．结转企业销售材料成本贷记“原材料”账户。（　　）

7．“本年利润”账户余额一定在贷方。（　　）

8．成本是对象化的费用。（　　）

9．资本公积就是资本溢价。（　　）

10．投资收益属于所有者权益类账户。（　　）

11．材料物资采购单位成本等于购入材料的单价加该种材料负担的单位采购费用。（　　）

12．盈余公积转增资本时，所有者权益总额不变。（　　）

13．用银行存款支付投资者的现金股利登记在“利润分配”账户的借方。（　　）

四、计算题（4分）

某企业本月销售产品的收入为400 000元，销售材料的收入为1 000元。销售产品的成本为150 000元、销售材料的成本为800元。税金及附加为5 000元、管理费用为8 000元、财务费用为3 000元、销售费用为4 000元、投资收益5 000元、公益性捐赠支出3 000元、支付违约金100元、收到某企业交来的罚金300元。不考虑调整项目（所得税率25%）。请列式计算企业营业利润、利润总额、应交所得税、净利润。

五、业务分析题（每小题3分，共39分）

根据某企业发生的下列经济业务编制会计分录。

（1）按本月产品应交增值税22 100元的7%和3%，计算本月应缴纳的城市维护建设税1 547元和教育费附加663元。

（2）结转本月已销售乙产品成本44 000元。

（3）收到华风公司分来的投资利润30 000元，存入银行。

（4）月末，结转损益类收入账户的余额，其中：主营业务收入350 000元（甲产品200 000元，乙产品150 000元），其他业务收入10 000元，投资收益70 000元，营业外收入100 000元。

（5）销售给红星工厂甲产品1 000件，每件售价300元，增值税专业发票上注明买价300 000元，增值额51 000元，款项已存入银行。

（6）用银行存款支付产品销售广告费3 000元。

（7）经批准，将企业的盈余公积150 000元转增注册资本。

（8）收到立达工厂偿还的前欠乙产品货款23 400元，存入银行。

（9）销售给弘扬工厂甲产品300件，每件售价200元，计60 000元，乙产品150件，每件售价200元，计30 000元，增值税销项税额15 300元，款项均未收到。

（10）用银行存款上交企业所得税30 000元。

（11）企业销售B材料一批，增值税专业发票上注明价款5 000元，增值税税额850元，款项收存银行。

（12）企业销售甲产品发生运输费，取得的增值税专用发票上注明运输费（不含税）300元，增值税税额33元，款项用银行存款支付。

（13）用银行存款支付大帝公司前欠货款35 000元。

复习测试题（三）

满分：100分　测试时间：100分钟

一、单项选择题（每小题2分，共24分）

1．不属于产品成本项目的费用是（　　）。

A．直接材料　　B．制造费用　　C．直接人工　　D．财务费用

2．企业购入材料时，在运输途中发生的合理损耗应计入（　　）。

A．材料物资的采购成本　　B．管理费用

C．财务费用　　D．销售费用

3．期末结转后可能有余额的账户是（　　）。

A．“制造费用”　　B．“管理费用”

C．“税金及附加”　　D．“生产成本”

4．企业生产产品完工验收入库，应该于月末确定其实际生产成本，从（　　）账户结转到“库存商品”账户。

A．“本年利润”　　B．“生产成本”

C．“主营业务成本”　　D．“其他业务成本”

5．企业期末结转利润时，下列各项中（　　）不应将其科目余额转入“本年利润”科目。

A．“制造费用”　　B．“销售费用”　　C．“管理费用”　　D．“财务费用”

6．计提基本生产车间所使用的固定资产折旧时，应编制的会计分录是（　　）。

A．借记“生产成本”账户，贷记“累计折旧”账户

B．借记“生产成本”账户，贷记“固定资产”账户

C．借记“管理费用”账户，贷记“累计折旧”账户

D．借记“制造费用”账户，贷记“固定资产”账户

7．某企业生产产品领用的原材料剩余1 200元退回仓库，正确反映此事项的分录是（　　）。

A．借：原材料　　1 200

　　贷：生产成本　　1 200

B．借：原材料　　1 200

　　贷：库存商品　　1 200

C．借：生产成本　　1 200

　　贷：原材料　　1 200

D．借：管理费用　　1 200

　　贷：生产成本　　1 200

8．不影响营业利润计算的是（　　）。

A．税金及附加　　B．营业外收入

C．主营业务收入　　D．其他业务成本

9．资产负债表中，应将全年累计实现的净利润（或亏损）转入（　　）账户。

A．“本年利润”　　B．“利润分配”　　C．“实收资本”　　D．“资本公积”

10．不影响本月完工产品成本的是（　　）。

A．月末在产品成本　　B．月初在产品成本

C．本月发生费用　　D．本月销售费用

11．车间生产领用包装物时，应借记（　　）账户。

A．“制造费用”　　B．“财务费用”　　C．“生产成本”　　D．“管理费用”

12．某企业本期实现主营业务收入100 000元，主营业务成本50 000元，其他业务收入10 000元，营业外收入30 000元，投资收益7 000元。则企业本期实现的营业利润为（　　）元。

A．67 000　　B．77 000　　C．70 000　　D．60 000

二、多项选择题（每小题2分，共20分）

1．企业采购材料中发生的运杂费用不应计入（　　）。

A．生产成本　　B．管理费用

C．销售费用　　D．材料物资的采购成本

E．库存商品

2．期末应结转记入“本年利润”账户贷方的有（　　）。

A．投资收益　　B．管理费用

C．财务费用　　D．主营业务收入

E．营业外收入

3．影响利润总额的因素有（　　）。

A．营业外收入　　B．营业外支出

C．所得税费用　　D．营业利润

E．净利润

4．能计入营业外支出借方的有（　　）。

A．违约罚款支出　　B．固定资产盘盈

C．购入材料发生的合理损耗　　D．固定资产盘亏

E．出售固定资产发生的净损失

5．期末一般无余额的是（　　）。

A．制造费用　　B．管理费用

C．财务费用　　D．生产成本

E．主营业务成本

6．企业外购存货的采购费用包括（　　）。

A．买价　　B．运杂费

C．装卸费　　D．保险费

E．运输途中合理损耗

7．应由企业负担，记入“税金及附加”账户的税费有（　　）。

A．教育费附加　　B．印花税

C．城市维护建设税　　D．所得税

E．增值税

8．属于销售费用的是（　　）。

A．广告费　　B．产品展览费

C．销售部门人员的工资　　D．进货运杂费

E．销售部门房屋折旧

9．不应记入“制造费用”账户的项目有（　　）。

A．生产车间的固定资产折旧费　　B．生产车间机器设备的修理费

C．生产工人工资　　D．生产车间管理部门人员的工资

E．销售部门房屋折旧

10．应于期末将发生额结转“本年利润”账户的有（　　）。

A．制造费用　　B．财务费用

C．管理费用　　D．生产成本

E．其他业务收入

三、判断题（每小题 1 分，共 13 分）

1．费用是对象化的成本。（　　）

2．“累计折旧”账户属于资产类账户，贷方表示累计折旧的减少。（　　）

3．企业用银行存款归还建设银行 12 个月期限的借款应借记“长期借款”账户。（　　）

4．企业采购材料，不论是否运达企业或验收入库，采购材料的实际支出都要记入“原材料”账户的借方。（　　）

5．管理费用属于间接费用，不能计入产品成本。（　　）

6．职工报销差旅费时应借记“其他应收款”账户。（　　）

7．职工福利费是用于职工医药费、职工生活困难补助等职工福利方面的资金。（　　）

8．分配制造费用借记“制造费用”账户，贷记“生产成本”账户。（　　）

9．“生产成本”账户是成本类账户，“制造费用”账户是费用类账户。（　　）

10．结转销售产品成本应贷记“库存商品”账户，借记“主营业务成本”账户。（　　）

11．企业职工出差预借差旅费 500 元，报销差旅费 550 元，则产生 50 元的差额核算为借记“其他应收款”账户，贷记“库存现金”账户。（　　）

12．生产车间发生的设备修理费应计入“制造费用”账户。（　　）

13．计提短期借款利息借记“财务费用”账户，贷记“银行存款”账户。（　　）

四、计算题（4 分）

月末，分配本月发生的制造费用10 460元，制造费用按生产工时比例进行分配，其中A产品生产工时6 500小时，B产品生产工时3 500小时。

列式计算并编制会计分录。

五、业务分析题（每小题 3 分，共 39 分）

根据某企业发生的下列经济业务编制会计分录。

（1）本月实现的利润总额89 000元，计算交纳所得税（所得税税率25%，假设没有其他调整项目）。

（2）结转本月已销甲产品的成本2 000元。

（3）用银行存款交纳城市维护建设税1 547元和教育费附加663元。

（4）收到政府补助收入2 000元，存入银行。

（5）经研究决定向投资者分配利润400 000元。

（6）用银行存款支付罚款10 000元。

（7）月末，结转损益类费用账户余额，其中：主营业务成本300 000元（甲产品220 000元，乙产品80 000元），销售费用8 000元，税金及附加9 500元，管理费用34 500元，财务费用2 000元，其他业务成本7 000元，营业外支出60 000元。

（8）结转已销A材料成本4 500元。

（9）结转所得税费用9 000元。

（10）结转本年实现净利润600 000元。

（11）按全年净利润的10%提取法定盈余公积60 000元。

（12）销售产品发生运杂费500元，用银行存款支付。

（13）结转完工乙产品成本48 000元。

第七章　财 产 清 查

复习测试题（一）

满分：100分　测试时间：100分钟

一、单项选择题（每小题 2 分，共 30 分）

1. 对库存现金进行清查应采用的方法是（　　）。

A. 实地盘点法　　B. 抽查检验法
C. 查询核对法　　D. 技术推算法

2. 对于财产清查中所发现的财产物资盘盈、盘亏和毁损，财务部门进行账务处理依据的原始凭证是（　　）。

A. 银行存款余额调节表　　B. 账存实存对比表
C. 出库单　　D. 入库单

3. 财产物资的盘存制度有（　　）。

A. 权责发生制　　B. 收付实现制
C. 永续盘存制、实地盘存制　　D. 应计制、现金制

4. 银行存款的清查一般采用的方法是（　　）。

A. 实地盘点　　B. 技术推算　　C. 核对账目　　D. 抽查盘点

5. “待处理财产损溢”账户属于（　　）账户。

A. 损益类　　B. 资产类　　C. 成本类　　D. 所有者权益类

6. 某企业期末银行存款日记账余额为80 000元，银行送来的对账单余额为82 425元，经对未达账项调节后的余额为83 925元，则该企业在银行的实有存款是（　　）元。

A. 82 425　　B. 80 000　　C. 83 925　　D. 24 250

7. 在记账无误的情况下，银行对账单与银行存款日记账账面余额不一致的原因是（　　）。

A. 存在应付账款　　B. 存在应收账款
C. 存在外埠存款　　D. 存在未达账项

8. 采用向有关单位发函证通过对账单核对账目的方法进行清查的项目是（　　）。

A. “原材料”　　B. “应收账款”
C. “实收资本”　　D. “库存商品”

9. 可以采用技术推算法进行清查的财产物资是（　　）。

A. 库存现金　　B. 固定资产
C. 煤炭等大宗物资　　D. 应收账款

10. 适合采用局部清查的方法进行财产清查的情况是（　　）。

A. 年终决算时　　B. 企业合并时
C. 进行清产核资时　　D. 库存现金和银行存款的清查

11. 财产物资的盘盈是指（　　）。

A. 账存数大于实存数　　B. 实存数大于账存数
C. 由于记账差错多记的金额　　D. 由于记账差错少记的金额

12. 采用实地盘存制，平时对财产物资（　　）。

A. 只登记增加数，不登记减少数
B. 只登记减少数，不登记增加数
C. 先登记增加数，后登记减少数
D. 先登记减少数，后登记增加数

13. 采用实地盘存制时，财产物资的期末结存数就是（　　）。

A. 账面结存数　　B. 实地盘存数
C. 收支抵减数　　D. 滚存结余数

14. 银行存款的清查是将（　　）核对。

A. 银行存款日记账与总账
B. 银行存款日记账与银行存款收、付款凭证
C. 银行存款日记账与银行对账单
D. 银行存款总账与银行存款收、付款凭证

15. 技术推算盘点法通常用于（　　）的盘点。

A. 固定资产　　B. 流动资产
C. 现金　　D. 大量成堆，难以逐一清点的材料

二、多项选择题（每小题 2 分，共 24 分）

1. 需要进行全面财产清查的情况有（　　）。

A. 年终决算之前　　B. 清产核资
C. 单位撤销、合并　　D. 资产重组或改变隶属关系
E. 库存现金和银行存款的清查

2. 财产清查按照清查时间可分为（　　）。

A. 定期清查　　B. 全面清查
C. 不定期清查　　D. 局部清查
E. 日常清查

3. 财产清查中查明的各种流动资产盘亏或毁损数，根据不同的原因，报经批准后可能列入的账户有（　　）。

A. “管理费用”　　B. “营业外收入”
C. “营业外支出”　　D. “其他应收款”
E. “其他应付款”

4. 对银行存款进行清查的方法是将企业银行存款日记账与银行对账单相核对，如果两者不符，其可能的原因有（　　）。

A. 企业账务记录有误　　B. 银行账务记录有误
C. 企业已记账，银行未记账　　D. 银行已记账，企业未记账
E. 银行和企业同时记增加

5．实物财产清查常用的方法有（　　）。

A．实地盘点法　　B．永续盘存制

C．技术推算盘点法　　D．核对账目法

E．银行日记账与对账单

6．不定期清查一般是在（　　）时进行。

A．年末结账　　B．月末结账

C．更换财产物资保管人员　　D．发生非常损失

E．季末结账

7．可以采用实地盘点法进行清查的财产有（　　）。

A．固定资产　　B．库存商品

C．银行存款　　D．现金

E．应收账款

8．“待处理财产损溢”账户贷方登记的内容是（　　）。

A．财产物资的盘亏　　B．财产物资的盘盈

C．财产物资盘盈的转销　　D．财产物资盘亏的转销

E．财产物资的期末余额

9．月末企业银行存款日记账与银行对账单不一致，造成企业账面存款余额大于银行对账单存款余额的原因有（　　）。

A．企业已收款入账，而银行尚未入账

B．企业已付款入账，而银行尚未入账

C．银行已收款入账，而企业尚未入账

D．银行已付款入账，而企业尚未入账

E．银行漏记一笔经济业务的收入

10．清点现金后，将清查结果填入库存现金盘点表，由（　　）签章。

A．会计人员　　B．出纳人员

C．单位负责人　　D．盘点人员

E．会计机构负责人

11．财产物资的盘存制度有（　　）。

A．永续盘存制　　B．实地盘存制

C．实地盘点法　　D．核对账目法

E．技术测算盘点

12．财产清查包括（　　）。

A．实物清查　　B．现金清查

C．银行存款清查　　D．债权债务清查

E．租入的固定资产

三、判断题（每小题1分，共14分）

1．一般情况下，全面清查是定期清查，局部清查是不定期清查。（　　）

2．月末应根据银行存款余额调节表中调整后的余额进行账务处理，使企业银行存款账的余额与调整后的余额一致。（　　）

3．对于财产清查结果的账务处理一般分两步进行，即审批前先调整有关账面记录，审批后转入有关账户。（　　）

4．企业在银行的实有存款应是银行对账单上列明的余额。（　　）

5．“待处理财产损溢”账户是损益类账户。（　　）

6．财产清查就是对各种实物财产进行的清查盘点。（　　）

7．库存现金和银行存款的清查均应采用实地盘点的方法进行。（　　）

8．未达账项是指银行已经记账，而企业因未接到有关凭证而尚未记账的款项。（　　）

9．清查盘点现金时，出纳人员必须回避。（　　）

10．对实物财产清查时，既要清查数量，又要检验质量。（　　）

11．在采用永续盘存制下，还需要对各项财产物资进行实地盘点。（　　）

12．库存现金清查结束后，应填写库存现金盘点表，并由盘点人签名或盖章。（　　）

13．从财产清查的对象和范围看，年终决算前对企业财产物资所进行的清查一般属于全面清查。（　　）

14．银行存款的清查，主要是将银行存款日记账与总账进行核对。（　　）

四、综合题（第1题8分，第2题12分，第3题12分，共32分）

1．A公司2016年9月30日，银行存款日记账余额为329 200元，银行对账单上的余额为328 400元，经逐笔核对后，查明有以下几笔未达账项。

（1）公司于9月30日存入银行从其他单位收到的转账支票一张，计36 000元，银行尚未入账。

（2）公司于9月30日开出的转账支票6 400元，持票人尚未到银行办理转账，银行尚未入账。

（3）公司委托银行代收外埠销货款31 200元，银行已收到入账，但公司尚未收到银行的收款通知，没有入账。

（4）银行代付的电话费4 000元，公司尚未收到银行的付款通知，没有入账。

（5）银行计算的存款利息1 600元，已记入银行存款，但公司尚未入账。

根据上述资料编制银行存款余额调节表。

银行存款余额调节表

存款种类：　　　　年　　月　　日　　　　单位：元

项目	金额	项目	金额
企业银行存款日记账余额		银行对账单余额	
加：银行已收，企业未收		加：企业已收，银行未收	
减：银行已付，企业未付		减：企业已付，银行未付	
调整后的存款余额		调整后的存款余额	

2．某公司2016年年终进行财产清查，在账实清查中发现以下问题。

（1）账外盘盈乙种材料260千克，同类材料的市场价格为每千克为15元。

（2）盘亏甲种材料350千克，每千克单价为18元。
（3）盘亏乙种材料400千克，每千克20元。
（4）盘亏＃01产成品6件，每件35元。
根据以上在账实清查中的问题，编制审批前的会计分录（要反映明细科目）。

3．承2题资料内容，上述问题经逐项核实清查结果如下。
（1）盘盈乙材料为计量不准造成的，按规定转销管理费用。
（2）盘亏的甲种材料，因管理不善造成的，已无法收回，可转作管理费用。
（3）由于自然灾害，造成乙材料损失，向保险公司索赔5 000元，其余可转作营业外支出。
（4）＃01产品损失，属有关人员失职造成的，应由其负责赔偿。
根据上述核查结果，编制相应的会计分录。

复习测试题（二）

满分：100分　测试时间：100分钟

一、单项选择题（每小题2分，共30分）

1．无法查明原因的现金盘盈应该计入（　　）。

A．管理费用　B．营业外收入　C．销售费用　D．其他业务收入

2．某企业仓库本期期末盘亏原材料，原因已经查明，属于自然损耗，经批准后，会计人员应编制的会计分录为（　　）。

A．借：待处理财产损溢
　　贷：原材料

B．借：待处理财产损溢
　　贷：管理费用

C．借：管理费用
　　贷：待处理财产损溢

D．借：营业外支出
　　贷：待处理财产损溢

3．企业的存货由于计量，收发错误导致的盘亏，由企业承担的部分应作为（　　）处理。

A．营业外支出　B．其他业务支出

C．坏账损失　D．管理费用

4．盘亏的现金应该通过（　　）账户核算。

A．“固定资产清理”　B．“待处理财产损溢”

C．“以前年度调整”　D．“材料成本差异”

5．可以作为调整账面数字的原始凭证的是（　　）。

A．盘存单　B．实存账存对比表

C．银行存款余额调节表　D．往来款项对账单

6．企业进行盘点，发现账面不符。下列会计处理中，正确的是（　　）。

A．直接作损益处理

B．先调整账面结存数

C．不作任何调整，继续查明原因

D．按账面数进行调整

7．对往来款项进行清查，应该采用的方法是（　　）。

A．技术推算法　B．与银行核对账目法

C．实地盘存法　D．发函询证法

8．（　　）不采用实地盘点法或技术测算进行清查。

A．库存现金　B．原材料　C．银行存款　D．固定资产

9．技术测算盘点一般适用于（　　）的清查。

A．货币资金　B．往来款项

C．机器设备　D．露天堆放的沙石

10．关于库存现金在盘点后应编制的原始凭证，正确的是（　　）。

A．账存实存对比表　B．库存现金盘点报告表

C．银行存款余额调节表　D．银行对账单

11．企业开出支票一张，银行尚未入账，属于（　　）。

A．银行已收，企业未收　B．银行已付，企业未付

C．企业已收，银行未收　D．企业已付，银行未付

12．（　　），企业不需要对其财产进行全面清查。

A．年终决算前　B．企业进行股份制改制前

C．更换仓库保管员　D．企业破产

13．对财产清查结果进行正确账务处理的主要目的是保证（　　）。

A．账表相符　B．账账相符　C．账实相符　D．账证相符

14．未达账项的原因是（　　）。

A．双方结账时间不一致　B．双方记账时间不一致

C．双方对账时间不一致　D．双方记账金额不一致

15．采用实地盘存制，平时对财产物资（　　）。

A．只登记收入数，不登记减少数

B．只登记发出数，不登记收入数

C．先登记发出数，后登记收入数

D．先登记发出数，后登记收入数

二、多项选择题（每小题2分，共24分）

1．需要进行局部清查的事项有（　　）。

A．存货　B．货币资金

C．财产物资保管人员发生变动时　D．债权债务

E．贵重物品

2．与外单位核对账目的方法适用于（　　）。

A．现金的清查　B．银行存款的清查

C．往来款项的清查　D．材料的清查

E．固定资产的清查

3．全面清查一般是在（　　）时进行。

A．年终　B．季末

C．月终　D．单位撤销、合并或改变隶属关系

E．一次性清产核资

4．月末银行存款日记账与银行对账单不一致，造成企业账面余额小于银行对账单存款余额的原因有（　　）。

A．企业已收款入账，而银行尚未入账

B．企业已付款入账，而银行尚未入账

C．银行已收款入账，而企业尚未入账

D．银行已付款入账，而企业尚未入账

E．银行漏记一笔经济业务支出

5. 对于盘亏的存货，如属自然损耗或过失赔偿的超定额短缺，经批准应分别列入（　　）账户。

A．“管理费用”　　B．“营业外支出”

C．“财务费用”　　D．“其他应收款”

E．“制造费用”

6．在日常核算中，永续盘存制与实地盘存制的应用，表现一致的有（　　）。

A．增加数的登记　　B．减少数的登记

C．实际清点库存　　D．随时结出账面余额

E．核算工作简单

7．造成账实不符的原因主要有（　　）。

A．财产物资的自然消耗

B．财产物资收发计量错误

C．财产物资保管不善导致的被盗

D．自然灾害造成的毁损

E．账簿中错记、漏记

8．全面清查是指对企业的全部财产进行盘点和核对，包括属于本单位和存放在本单位的所有财产物资、货币资金和各项债权债务，其中的财产物资包括（　　）。

A．在本单位的所有固定资产、库存商品、原材料、包装物、低值易耗品、在产品、未完工程等

B．属于本单位但在途中的各种在途物资

C．委托其他单位加工、保管的材料物资

D．存放在本单位的代销商品、材料物资等

E．各种往来款项的清查

9．关于库存现金的清查，说法正确的是（　　）。

A．库存现金应该每日清点一次

B．库存现金应该采用实地盘点法

C．在清查过程中可以用借条，收据冲抵库存现金

D．要根据盘点结果编制现金盘点报告表

E．清查时，出纳人员必须在现场

10．实地盘点可用于（　　）清查。

A．库存商品　　B．现金

C．银行存款　　D．往来款项

E．固定资产

11．银行存款的清查，需将（　　）进行相互核对。

A．银行存款总账　　B．银行对账单

C．银行存款日记账　　D．支票登记簿

E．银行汇票登记簿

12．银行存款日记账与银行对账单不一致的原因有（　　）。

A．企业出现错误　　B．银行出现错误

C．银行已收，企业未收　　D．出现已达账项

E．企业已付，银行未付

三、判断题（每小题 1 分，共 14 分）

1．银行存款的清查主要是将银行存款日记账与总账进行核对。（　　）

2．未达账项是造成企业银行存款日记账与银行对账单余额不等的唯一原因。（　　）

3．月末企业银行存款的实有余额为银行对账单余额加上企业已收、银行未收款项，减去企业已付、银行未付的款项。（　　）

4．产生未达账项的原因是记账错误，应采用适当的方法予以纠正。（　　）

5．月末应根据银行存款余额调节表中调整后的余额进行账务处理，使企业银行存款账的余额与调整后的余额一致。（　　）

6．存货的盘盈是指账面数小于实际数。（　　）

7．各种结算往来清查，必须派人亲自到对方单位核对。（　　）

8．企业与其开户银行对账时所编制的“银行存款余额调节表”是企业发现该存款账实不符实进行会计核算的原始凭证。（　　）

9．对盘盈的存货，应于批准后计入营业外支出。（　　）

10．未达账项是指由于企业与银行的记账时间不一致，而发生的一方已取得凭证登记入账，另一方由于未取得凭证尚未登记入账的项目。（　　）

11．技术测算盘点是指利用技术方法推算财产物资实存数的方法，适用于煤炭、砂石等大宗物资的清查。（　　）

12．财产盘亏一般是定额内损耗、偷盗损失、自然灾害等，对于定额内合理损耗计入营业外支出。（　　）

13．只要将银行存款余额调节表调节相符，则证明银行存款日记账记录无误。

14．现金清查时，出纳人员必须在场。

四、综合题（第 1 题 8 分，第 2 题 24 分，共 32 分）

1．某企业2013年9月30日银行存款日记账账面余额51 300元，银行对账单余额为53 000元。经查对发现有以下未达账项。

（1）29日企业存入银行一张转账支票，金额3 900元，银行尚未入账。

（2）29日银行收取企业借款利息400元，企业尚未收到付款通知。

（3）30日企业委托银行收款4 100元，银行已入账，企业尚未入账收到收款通知。

（4）30日企业开出转账支票一张，金额1 900元，持票单位尚未到银行办理手续。

根据以上未达账项，填写银行存款余额调节表。

银行存款余额调节表

存款种类：　　　　　　　　　　　　年　　月　　日　　　　　　　　　　　　单位：元

项目	金额	项目	金额
企业银行存款日记账余额		银行对账单余额	
加：银行已收，企业未收		加：企业已收，银行未收	
减：银行已付，企业未付		减：企业已付，银行未付	
调整后的存款余额		调整后的存款余额	

2．某企业6月30日对存货和固定资产清查发现有关情况如下。

（1）库存A产品账面结存数量2 000件，单位成本35元，金额70 000元。实存1 985件，盘亏15件，价值525元。经查明系保管人员过失所致，经批准责令赔偿。

（2）甲材料账面结存数量250千克，每千克20元，金额5 000元全部毁损作为废料处理。经查明由于自然灾害所致其损失经批准作为非常损失处理。

（3）乙材料账面结存数量120吨，每吨成本100元，价值12 000元，实存118吨，盘亏2吨，价值200元。经查明属于定额内损耗，经批准转销处理。

（4）丙材料账面结存数量300千克，每千克10元，价值3 000元，实存310千克，盘盈10千克，价值100元。经查明为收发计量差错原因造成，经批准转销处理。

根据以上资料编制存货和固定资产清查结果审批前后的会计分录。

第八章　会计核算程序

复习测试题

满分：100分　测试时间：100分钟

一、单项选择题（每小题2分，共24分）

1．根据记账凭证逐笔登记总分类账的是（　　）核算程序的主要特点。
A．汇总记账凭证　B．科目汇总表
C．多栏式日记账　D．记账凭证

2．在各种账务处理程序中，其相同的是（　　）。
A．登记总账的依据　B．登记明细账的依据
C．账务处理的程序　D．优缺点及适用范围

3．记账凭证核算程序的特点是（　　）。
A．直接根据各种记账凭证逐笔登记总分类账
B．定期根据所有的记账凭证编制科目汇总表，然后根据科目汇总表登记总分类账
C．根据记账凭证定期编制汇总记账凭证，然后根据汇总记账凭证登记总分类账
D．设置日记总账，所有经济业务都要根据记账凭证直接登记日记总账

4．最基本的会计核算程序是（　　）。
A．日记总账核算程序　B．记账凭证核算程序
C．汇总记账凭证核算程序　D．科目汇总表核算程序

5．各种会计核算程序的根本区别在于（　　）的依据和方法不同。
A．编制会计凭证　B．登记现金日记账
C．登记各种明细账　D．登记总账

6．会计核算程序的核心是（　　）。
A．设置的凭证体系　B．设置的账簿体系
C．记账程序　D．记账方法

7．科目汇总表汇总的是（　　）。
A．全部科目的贷方发生额　B．全部科目的借方发生额
C．全部科目的借贷方余额　D．全部科目的借贷方发生额

8．规模较小、业务量少的单位一般适用于（　　）。
A．记账凭证核算程序　B．日记总账汇算程序
C．科目汇总表核算程序　D．汇总记账凭证核算程序

9．科目汇总表账务处理程序的优点是（　　）。
A．便于分析经济业务的来龙去脉　B．便于查对账目
C．可以减少登记总账的工作量　D．总分类账的记录较为详细

10．记账凭证核算程序的主要缺点是（　　）。
A．不便于会计合理分工　B．原始凭证不能体现账户的对应关系
C．登记总分类账的工作量较大　D．方法不易掌握

11．编制科目汇总表的直接依据是（　　）。
A．原始凭证　B．原始凭证汇总表
C．记账凭证　D．记账凭证汇总表

12．（　　）是指从填制审核会计凭证，登记各种账簿，直到编制财务会计报告的整个会计处理程序。
A．会计核算程序　B．账簿组织
C．记账程序　D．会计报表

二、多项选择题（每小题2分，共20分）

1．记账凭证核算程序需要设置的凭证有（　　）。
A．收款凭证　B．付款凭证
C．转账凭证　D．科目汇总表
E．汇总记账凭证

2．登记总分类账的依据可以是（　　）。
A．记账凭证　B．汇总记账凭证
C．科目汇总表　D．明细账
E．原始凭证

3．规模大、业务量多、使用会计科目多的单位，应采用的核算程序是（　　）。
A．记账凭证核算程序　B．科目汇总表核算程序
C．汇总记账凭证核算程序　D．日记总账核算程序
E．多栏式日记账核算程序

4．记账凭证核算程序适用的企业是（　　）。
A．经济业务量少　B．规模大
C．凭证不多　D．规模小
E．经济业务量多

5．在各种会计核算程序下，可作为登记明细账依据的有（　　）。
A．原始凭证　B．汇总原始凭证
C．记账凭证　D．汇总记账凭证
E．科目汇总表

6．在各种会计核算程序中，其账务处理流程相同的是（　　）。
A．根据原始凭证或汇总原始凭证编制记账凭证
B．根据原始凭证、原始凭证汇总表和记账凭证逐笔登记各种明细账
C．根据记账凭证逐笔登记总分类账
D．期末，根据总分类账和明细分类账的记录，编制会计报表
E．根据记账凭证编制科目汇总表

7．科目汇总表核算程序的特点是（　　）。

A．根据记账凭证登记总账

B．根据一定时期的全部记账凭证编制科目汇总表

C．根据科目汇总表登记总分类账

D．根据汇总记账凭证登记总账

E．根据记账凭证编制汇总记账凭证

8．在科目汇总表核算程序下，记账凭证是用来（　　）的依据。

A．登记现金日记账　　B．登记银行存款日记账

C．登记明细分类账　　D．编制科目汇总表

E．登记总分类账

9．科目汇总表核算程序一般适用于（　　）的企业单位。

A．经营规模较大　　B．经济业务较多

C．经营规模较小　　D．经济业务较少

E．凭证较少

10．目前，我国常采用的会计核算程序主要有（　　）。

A．科目汇总表核算程序　　B．记账凭证核算程序

C．汇总记账凭证核算程序　　D．多栏式日记账核算程序

E．日记总账核算程序

三、判断题（每题 1 分，共 13 分）

1．记账凭证核算程序是其他会计核算程序的基础。（　　）

2．记账凭证核算程序适用于规模小、业务量多、凭证也较多的单位。（　　）

3．科目汇总表不仅可以起到试算平衡的作用，还可以反映账户之间的对应关系。（　　）

4．在不同的会计核算程序下，登记总账的依据可以是记账凭证、汇总记账凭证、科目汇总表。（　　）

5．同一企业可以同时采用几种不同的会计核算程序。（　　）

6．各种会计核算程序之间的主要区别在于登记总账的依据和方法不同。（　　）

7．科目汇总表核算程序是以科目汇总表作为登记总账和明细账的依据。（　　）

8．在记账凭证核算程序下，须设置收款凭证、付款凭证、转账凭证和汇总记账凭证。（　　）

9．会计核算程序不同，现金日记账和银行存款日记账的登记依据也不同。（　　）

10．记账凭证核算程序的特点就是直接根据各种记账凭证逐笔登记明细分类账。（　　）

11．在科目汇总表核算程序下，其突出的优点就是大大减少了登记总账的工作量。（　　）

12．不同的会计核算程序下，编制会计报表的依据是相同的。（　　）

13．无论采用哪种会计核算程序，在编制会计报表前都应进行账目核对。（　　）

四、综合题（有计算要求的，均须列出计算过程。会计分录 33 分，科目汇总表 10 分，本题共 43 分）

甲企业2016年3月发生的经济业务如下：

（1）1日，收到国家投入资本50 000元，存入银行。

（2）2日，生产甲产品领用A材料5 000千克，单价10元；B材料2 000千克，单价4元。

（3）4日，采购员王会出差回来，报销差旅费190元，退回余款10元（原借款200元）。

（4）5日，从银行提取现金50 000元，准备发放工资。

（5）5日，用现金发放工资50 000元。

（6）8日，从星光工厂购入A材料2 000千克，买价19 400元，增值税3 298元，运杂费600元，款项用银行存款支付，材料已验收入库。

（7）9日，用银行存款归还短期借款30 000元。

（8）10日，用银行存款交纳城市维护建设税2 100元，教育费附加900元。

（9）12日，用银行存款归还前欠立达工厂购料款11 700元。

（10）13日，销售给卫民工厂甲产品200件，单位售价200元，增值税计6 800元，款项已存入银行。

（11）15日，用银行存款支付产品广告费180元。

要求：

1．根据经济业务，编制会计分录。

2．编制科目汇总表。

科目汇总表

年　　月　　日至　　日　　　　单位：元

会计科目	借方发生额	贷方发生额
库存现金		
银行存款		
其他应收款		
原材料		
生产成本		
短期借款		
应付账款		
应付职工薪酬		
应交税费		
实收资本		
主营业务收入		
销售费用		
管理费用		
合计		

第九章　财务会计报告

复习测试题（一）

满分：100分　测试时间：100分钟

一、单项选择题（每小题 2 分，共 24 分）

1. 反映企业在一定时期内经营成果的报表的是（　　）。
   A. 资产负债表　　B. 利润表
   C. 资产减值准备明细表　　D. 现金流量表
2. 资产负债表中的“期末余额”栏大多数项目填列的依据是（　　）。
   A. 有关总账账户期末余额　　B. 有关总账账户本期发生额
   C. 有关明细账期末余额　　D. 有关明细账本期发生额
3. 资产负债表中的资产项目是按其（　　）排列的。
   A. 流动性　　B. 重要性　　C. 有用性　　D. 随意性
4. 不包括在利润表中的项目是（　　）。
   A.“销售费用”　　B.“管理费用”
   C.“制造费用”　　D.“财务费用”
5. 按照《企业会计准则——应用指南》的规定，资产负债表采用的格式为（　　）。
   A. 单步式　　B. 多步式　　C. 账户式　　D. 报告式
6. 管理者不能通过资产负债表了解的会计信息是（　　）。
   A. 企业所拥有或控制的资源构成及分布情况
   B. 企业的偿债能力
   C. 所有者权益的构成
   D. 现金的流动情况
7. 资产负债表的下列项目中，需要根据总账账户的期末余额计算填列的是（　　）。
   A.“短期借款”　　B.“累计折旧”
   C.“货币资金”　　D.“资本公积”
8. 资产负债表项目中，应根据相应总账账户期末余额直接填列的是（　　）。
   A.“应收账款”　　B.“长期股权投资”
   C.“应付账款”　　D.“实收资本”
9. 根据“资产=负债+所有者权益”这一平衡公式填列的报表是（　　）。
   A. 主营业务收支表　　B. 利润表
   C. 资产负债表　　D. 现金流量表
10. 利润表中的“净利润”是企业的利润总额扣除（　　）科目后的净额。
   A.“所得税费用”　　B.“盈余公积”
   C.“应付股利”　　D.“营业利润”
11. 企业年度财务报告的保管期限是（　　）年。
   A. 5　　B. 15　　C. 25　　D. 永久
12. 会计人员办理交接手续，必须由监交人员负责监交，其中会计机构负责人办理交接手续，其监交人是（　　）。
   A. 单位负责人　　B. 会计机构负责人
   C. 财政部门领导　　D. 其他会计人员

二、多项选择题（每小题 2 分，共 20 分）

1. 根据《企业会计准则》的规定，企业应编制和对外报送的基本会计报表包括（　　）。
   A. 资产负债表　　B. 利润表
   C. 现金流量表　　D. 所有者权益变动表
   E. 主营业务收支表
2. 属于财务会计报告编制基本要求的有（　　）。
   A. 内容完整　　B. 数字真实
   C. 计算准确　　D. 报送及时
   E. 编制依据可以不同
3. 资产负债表的期末余额栏项目数据可根据（　　）填列。
   A. 总账账户的期末余额直接
   B. 总账账户期末余额计算
   C. 若干明细账余额计算
   D. 账户余额减去其备抵项目后的净额
   E. 随便
4. 企业利润表采用多步式结构反映，在计算营业利润步骤时，应考虑的项目有（　　）。
   A.“营业收入”　　B.“营业成本”
   C.“管理费用”　　D.“财务费用”
   E.“投资收益”
5. 在编制利润表时，需要计算填列的项目有（　　）。
   A.“营业收入”　　B.“利润总额”
   C.“营业利润”　　D.“净利润”
   E.“税金及附加”
6. 财务报表按其编报时间的不同，分为（　　）。
   A. 利润表　　B. 年度报表
   C. 资产负债表　　D. 中期报表
   E. 现金流量表
7. 资产负债表的基本要素有（　　）。
   A. 资产　　B. 负债
   C. 所有者权益　　D. 收入
   E. 费用

8．资产负债表中，根据有关账户余额直接填列的项目有（　　）。

A．“应收账款”

B．“应付职工薪酬”

C．“货币资金”

D．“实收资本”

E．“存货”

9．在资产负债表中，“未分配利润”项目应根据（　　）账户的余额计算填列。

A．“营业利润”

B．“本年利润”

C．“盈余公积”

D．“利润分配”

E．“净利润”

10．属于永久保管的会计档案有（　　）。

A．年度财务报表

B．季度财务报表

C．会计档案销毁清册

D．会计档案保管清册

E．会计档案移交清册

三、判断题（每小题1分，共13分）

1．资产负债表是反映企业在一定时期内财务状况的报表。（　　）

2．利润表是一张动态报表。（　　）

3．资产负债表结构设计的理论依据是“资产=负债+所有者权益”会计等式。（　　）

4．利润表结构设计的理论基础是“收入-费用=利润”会计等式。（　　）

5．资产负债表的“期末余额”栏各项目主要是根据有关总账的本期发生额填列的。（　　）

6．财务会计报告使用者在报送单位未正式对外披露前，有义务对其内容保密。（　　）

7．会计档案的保管期限分为3年、5年、15年和25年。（　　）

8．一般会计人员调动工作，可以调动后再办理交接手续。（　　）

9．期末有余额的账户称为“实账户”。（　　）

10．利润表是反映企业在某一特定日期财务状况的报表。（　　）

11．为了及时报送财务会计报告，企业单位可以提前结账。（　　）

12．利润表的各项目都是根据相应的损益类账户的本期发生额分析填列的。（　　）

13．利润表中计算出来的应交所得税后的利润，即未分配利润。（　　）

四、综合题（共1小题，共10分）

S公司2016年3月损益类账户发生额资料如表所示（所得税税率25%）。

损益类账户发生额资料

2016年3月　　　　单位：元

账户名称	本期发生额	
	借方	贷方
主营业务收入		1 200 000
主营业务成本	700 000	
税金及附加	25 000	
销售费用	20 000	
管理费用	95 000	
财务费用	10 000	
投资收益		15 000
其他业务收入		30 000
其他业务成本	15 000	
营业外收入		35 000
营业外支出	18 000	

根据上述资料编制利润表。

利　润　表

编制单位：　　　　年　　月　　　　单位：元

项目	本期金额	上期金额
一、营业收入		
减：营业成本		
税金及附加		
销售费用		
管理费用		
财务费用		
加：投资收益（损失以“-”号填列）		
二、营业利润（亏损以“-”号填列）		
加：营业外收入		
减：营业外支出		
三、利润总额（亏损总额以“-”号填列）		
减：所得税费用		
四、净利润（净亏损总额以“-”号填列）		

五、业务分析题（每小题3分，共33分）

根据某企业发生的下列经济业务编制会计分录。

（1）购入材料，货款5 000元，增值税850元，用银行存款支付。

（2）职工出差预借差旅费500元，现金付讫。

（3）职工出差回来报销差旅费，并退回多余现金100元。

（4）企业对现金进行清查，发现现金盘盈100元。

（5）分配职工工资，其中，生产工人工资20 000元，车间管理人员8 000元，管理部门工资10 000元。

（6）收到投资者投入资金300 000元，以及一项专利权价值600 000元。

（7）结转本月已销产品成本13 200元。

（8）经批准将资本公积120 000元转增注册资本。

（9）以银行存款支付广告费15 000元。

（10）用银行存款10 000元向灾区捐款。

（11）销售商品一批，价款300 000元，增值税51 000元，款项尚未收到。

复习测试题（二）

满分：100分　测试时间：100分钟

一、单项选择题（每小题2分，共24分）

1．按照经济内容分类，资产负债表属于（　　）。

A．财务状况报表　　B．财务成果报表

C．费用成本报表　　D．对外报表

2．属于反映企业财务成果的对外报表是（　　）。

A．资产负债表　　B．利润表

C．所有者权益变动表　　D．现金流量表

3．累计折旧在资产负债表中应作为（　　）。

A．费用　　B．负债

C．资产减项　　D．所有者权益

4．属于静态报表的是（　　）。

A．资产负债表　　B．利润表

C．现金流量表　　D．所有者权益变动表

5．一般会计人员办理交接手续，由（　　）监交。

A．单位负责人　　B．总会计师

C．会计机构负责人　　D．出纳

6．不影响企业营业利润的是（　　）。

A．营业外支出　　B．财务费用

C．投资收益　　D．主营业务收入

7．“固定资产”账户期末余额为150万元，“累计折旧”账户期末余额为60万元，则资产负债表中固定资产项目的期末余额为（　　）。

A．60万元　　B．150万元　　C．90万元　　D．210万元

8．依照我国企业会计准则的规定，利润表的格式为（　　）。

A．单步式　　B．多步式　　C．账户式　　D．报告式

9．不影响利润总额的项目是（　　）。

A．“主营业务收入”　　B．“营业外收入”

C．“管理费用”　　D．“所得税费用”

10．根据“收入-费用=利润”这一平衡公式填列的会计报表是（　　）。

A．利润分配表　　B．资产负债表

C．现金流量表　　D．利润表

11．利润表是反映企业在（　　）经营成果的报表。

A．一定会计期间　　B．某一特定日期

C．某一特定时间　　D．特定会计年度

12．资产负债表的左方结构中反映的是（　　）。

A．流动资产和固定资产　　B．流动资产和非流动资产

C．流动资产和流动负债　　D．固定资产和所有者权益

二、多项选择题（每小题2分，共20分）

1．资产负债表中的“存货”项目反映的内容包括（　　）。

A．在途物资　　B．原材料

C．库存商品　　D．生产成本

E．固定资产

2．按照不同的标准进行分类，资产负债表属于（　　）。

A．对外财务报表　　B．动态财务报表

C．静态财务报表　　D．反映财务状况的财务报表

E．反映经营成果的财务报表

3．中期财务报表至少应包括（　　）。

A．资产负债表　　B．利润表

C．现金流量表　　D．所有者权益变动表

E．主营业务收支表

4．利润表的营业收入包括（　　）。

A．主营业务收入　　B．其他业务收入

C．公允价值变动损益　　D．营业外收入

E．捐赠收入

5．多步式利润表是通过多步计算出当期损益，一般将其计算过程划分为（　　）。

A．主营业务利润　　B．营业利润

C．利润总额　　D．净利润

E．其他业务利润

6．年末资产负债表项目中，不能用余额直接填列的项目有（　　）。

A．“应收账款”　　B．“预付账款”

C．“预收账款”　　D．“短期借款”

E．“应付账款”

7．会计档案一般包括（　　）。

A．会计凭证　　B．会计账簿

C．财务会计报告　　D．其他会计核算资料

E．文书档案

8．利润表的基本要素有（　　）。

A．权益　　B．利润

C．收入　　D．费用

E．负债

9．在资产负债表中，“货币资金”项目反映（　　）期末余额合计数。

A．应收票据　　B．库存现金

C. 银行存款　　D. 其他货币资金
E. 应收账款

10. 利润表是一张（　　）。
A. 主要报表　　B. 静态报表
C. 动态报表　　D. 反映经营成果的报表
E. 反映财务状况的报表

三、判断题（每小题 1 分，共 13 分）

1. 资产负债表反映的是单位在某一特定日期财务状况的报表。（　　）
2. 资产负债表中的"固定资产"项目，应按该科目的总账余额直接填列。（　　）
3. 利润表是反映企业在一定会计期间的经营成果的报表。（　　）
4. 资产负债表中，资产的排列顺序是根据重要性原则确定的。（　　）
5. 企业的利润总额即是反映企业在一定时期所实现的营业利润。（　　）
6. 利润表是以"收入-费用=利润"为基础编制的。（　　）
7. 我国利润表的格式采用单步式。（　　）
8. 利润表的"营业收入"项目，应根据"主营业务收入""其他业务收入""营业外收入"账户的发生额分析填列。（　　）
9. 利润表根据各账户的期末余额填列。（　　）
10. 年度财务会计报告的保管期限为 25 年。（　　）
11. 编制企业的财务会计报告应当做到数字真实、计算准确、内容完整、报送及时。（　　）
12. 资产负债表采用左右账户式排列。（　　）
13. 一般会计人员办理交接手续，由单位会计机构负责人、会计主管人员监交。（　　）

四、综合题（10 分）

N公司2016年7月31日总账及其有关所属的明细账余额如表所示。

2016 年 7 月 31 日账户余额表

单位：元

总分类账户	余额		明细分类账户	余额	
	借方	贷方		借方	贷方
库存现金	7 000				
银行存款	160 000				
应收账款	106 000		甲公司	86 000	
			乙公司	20 000	
材料采购	20 000				
原材料	60 000				
库存商品	40 000				
生产成本	30 000				
固定资产	440 000				
累计折旧		40 000			
短期借款		80 000			
应付账款		85 000	A 公司		60 000
			B 公司		25 000
应交税费		17 000	应交增值税		17 000
实收资本		600 000			
盈余公积		6 000			
本年利润		30 000			
利润分配		5 000			
合计	863 000	863 000			

根据上述资料编制资产负债表。

资产负债表

编制单位：　　年　月　日　　单位：元

资产	期末余额	年初余额	负债及所有者权益	期末余额	年初余额
流动资产：		略	流动负债：		略
货币资金			短期借款		
应收票据			应付票据		
应收账款			应付账款		
应收股利			应付职工薪酬		
其他应收款			应交税费		
存货			应付股利		
流动资产合计			其他应付款		
非流动资产：			流动负债合计		
长期股权投资			非流动负债：		
固定资产			长期借款		
固定资产清理			应付债券		
无形资产			非流动负债合计		
长期待摊费用			负债合计		
非流动资产合计			所有者权益：		
			实收资本		
			资本公积		
			盈余公积		
			未分配利润		
			所有者权益合计		
资产总计			负债及所有者权益总计		

五、业务分析题（每小题 3 分，共 33 分）

根据某企业发生的下列经济业务编制会计分录。

（1）从银行提取现金60 000元，备发工资。

（2）本月用银行存款支付下季度的报纸杂志订阅费525元。

（3）预提本月短期借款利息费用240元。

（4）本月发生制造费用7 600元，月末转入产品生产成本。

（5）本月生产的900件产品全部完工验收入库，其单位实际成本为78元，予以结转。

（6）结转本月已销甲材料的成本3 000元。

（7）月末，用银行存款缴纳城市维护建设税2 100元和教育费附加900元。

（8）用银行存款购入办公用品1 500元，其中车间办公用品500元，管理部门办公用品1 000元。

（9）计提车间用固定资产折旧40 000元。

（10）以银行存款1 200元支付罚款。

（11）销售产品一批，价款100 000元，增值税17 000元，款项已存入银行。

参考答案及解析

第一章　概　　述

复习测试题

一、单项选择题

1.【答案】B

【解析】会计的基本职能是核算和监督。

2.【答案】B

【解析】会计核算中通常使用的计量单位有货币量度、实物量度、劳动量度。其中，会计是以货币为主要计量尺度。

3.【答案】A

【解析】《会计法》是我国会计法律制度体系中最高层次的法律规范，是制定其他会计法律的依据，也是指导会计工作的最高准则，是会计机构、会计人员的根本大法。

4.【答案】B

【解析】会计是经济管理的重要组成部分，它是以货币计量为基本形式，运用专门的方法，对经济活动进行核算和监督的一种管理活动。

5.【答案】C

【解析】起源于意大利的复式记账原理是近代会计形成的标志。

6.【答案】C

【解析】会计核算根据会计工作组织形式的不同，一般可以分为集中核算和非集中核算。

7.【答案】C

【解析】凡是特定对象中能够以货币表现的经济活动，引起资金的变动，这都是会计对象，是会计核算和监督的内容。

8.【答案】C

【解析】世界上第一部系统阐述有关簿记和借贷记账法的著作是《算术、几何、比与比例概要》。

9.【答案】A

【解析】会计机构是企业、行政事业单位组织处理会计工作的职能部门。

10.【答案】B

【解析】司会是会计发展史上西周时期出现的官职。

11.【答案】C

【解析】出纳人员不得兼任稽核、会计档案保管和收入、支出、费用、债权债务账目登记工作。

12.【答案】B

【解析】会计核算的对象是已经发生或者完成能以货币表现的经济活动，会引起资金的变动。签订销售合同没有引起资金的变动。

13.【答案】C

【解析】会计人员的职业道德包括敬业爱岗、熟悉法规、依法办事、客观公正、搞好服务、保守秘密。

14.【答案】C

【解析】出纳人员不得兼管稽核、会计档案保管和收入、费用、债权债务的登记工作。

15.【答案】C

【解析】国务院财政部主管全国会计工作。

16.【答案】B

【解析】略

17.【答案】B

【解析】选项 A、D 属于会计法规，选项 C 属于会计规章。

18.【答案】A

【解析】出纳人员经管现金收付业务和现金保管业务。

19.【答案】C

【解析】会计监督就是对经济活动的合理性、合法性、有效性进行监督。

20.【答案】D

【解析】资金的循环与周转过程包括供应过程、生产过程、销售过程。

二、多项选择题

1.【答案】BCD

【解析】会计的含义包括三个方面的内容：会计本质、基本职能、主要特点。会计是经济管理的重要组成部分，它是以货币计量为基本形式，运用专门的方法，对经济活动进行核算和监督的一种管理活动。

2.【答案】ABCD

【解析】会计的核算环节包括确认、计量、记录、报告。

3.【答案】ABC

【解析】从核算的时间看，包括事前、事中、事后的核算；从核算内容看，包括记账、算账、报账、预测、分析、考核。

4.【答案】BCD

【解析】工业企业的资金运动包括资金投入、资金周转和资金退出，资金投入经过供产销三个过程，在循环过程中，企业资金经历或者呈现四种形态，最后资金退出企业。

5.【答案】ABCDE

【解析】凡是特定对象中能够以货币表现的经济活动，也就是会计对象，它是会计核算的内容。会计核算的对象是能够引起资金的变动的，选项 A、B、C、D、E 均引起资金变动。

6.【答案】ABE

【解析】略

7.【答案】ACD

【解析】根据我国法规体系的构成，按照制定和批准的机关不同，会计法规分为会计行政法规、地方性会计法规和自治会计法规。

8.【答案】CDE

【解析】会计核算工作的组织形式包括集中核算和非集中核算，其中，非集中核算又称为分散核算。

9.【答案】ABCD

【解析】企业沿着供应、生产、销售三个经营过程，从货币资金又回到货币资金的这个循环过程中，企业的资金经历呈现四种占用形态，分别是货币资金形态、储备资金形态、生产资金形态、成品资金形态。

10.【答案】ABC

【解析】我国会计法律法规体系包括会计法律、会计法规、会计规章。

11.【答案】ACD

【解析】我国会计核算中通常采用的计量单位包括货币量度、劳动量度、实物量度。

12.【答案】ABCE

【解析】会计核算环节包括确认、计量、记录、报告环节。报账属于会计核算的一项工作。

13.【答案】ABDE

【解析】根据调整对象和内容的不同，会计规章可分为会计核算制度、会计监督制度、会计机构和会计人员制度、会计工作管理制度。

14.【答案】ABCD

【解析】决定企业生产经营规模的是企业管理人员的职责。

15.【答案】ABCDE

【解析】出纳人员不得兼管稽核、会计档案保管和收入、费用、债权债务的登记工作。

16.【答案】ABCDE

【解析】会计工作岗位一般可分为会计机构负责人或者会计主管人员，以及出纳、财产物资核算、工资核算、成本费用核算、财务成果核算、资金核算、往来结算、总账报表、稽核、档案管理等岗位。

17.【答案】AD

【解析】会计对象是能够以货币表现的经济活动，能够引起资金的变动。

三、判断题

1.【答案】×

【解析】会计核算还可以采用实物核算。

2.【答案】√

【解析】“四柱清册”通过旧管（期初结存）+新收（本期收入）=开除（本期支出）+实在（期末结存）平衡公式进行结账。

3.【答案】√

【解析】“龙门账”把全部账目划分为进（各项收入）、缴（各项支出）、存（各项资产）和该（各项负债）。

4.【答案】×

【解析】从核算的时间来看，它既包括事后的核算，也包括事前、事中的核算。

5.【答案】√

【解析】略

6.【答案】√

【解析】略

7.【答案】×

【解析】会计的核算职能不仅是对经济活动进行事后反映，还要对经济活动进行事前核算和事中核算。

8.【答案】×

【解析】判断企业的经济业务是否违反国家的财经法规属于会计监督的内容之一，即合理性的监督，会计监督还包括有效性和合法性的监督。

9.【答案】√

【解析】略

10.【答案】×

【解析】我国的会计工作管理体制贯彻“统一领导，分级管理”的原则。

11.【答案】√

【解析】会计核算和监督的对象是能够以货币表现的经济活动。

12.【答案】√

【解析】《会计人员职权条例》明确规定的会计人员工作权限之一。

13.【答案】√

【解析】会计法是我国会计法律规范体系的最高层次，是制定其他会计法规的依据，也是指导会计工作的最高准则。

14.【答案】×

【解析】出纳人员不得兼任稽核、会计档案保管和收入、支出、费用、债权债务账目登记工作。企业的出纳人员不能担任银行存款余额调节表的核对工作，这是“内部牵制”原则的要求。

15.【答案】×

【解析】会计人员应当保守本单位的商业秘密，除了法律规定和单位领导人同意外，不能私自向外界提供或者泄露单位的会计信息。

16.【答案】×

【解析】会计核算包括事前、事中、事后核算。对已发生或完成的交易事项的核算属于事后核算。

17.【答案】√

【解析】略

18.【答案】×

【解析】企业、单位发生的全部经济活动不一定是会计对象，能够引起资金变动的经济活动才是会计核算和监督的对象。

19.【答案】√

【解析】略

20.【答案】√

【解析】会计是以货币作为主要的计量尺度。

21.【答案】√

【解析】略

22.【答案】√

【解析】凡是引起资金增减变动的经济活动会计核算与监督的对象。

23.【答案】×

【解析】企业的各项经济活动都与会计工作相关，但相关的内容并不都是会计工作的内容。

24.【答案】√

【解析】略

25.【答案】√

【解析】考查会计核算的对象，凡是能够以货币表现的经济活动，或者生产经营活动中的资金运动，都属于会计核算的对象。

26.【答案】√

【解析】会计核算是监督的基础，没有核算就无法进行监督，只有正确地核算，监督才有真实可靠的依据，而监督是核算的延续和深化，如果只有核算而不进行监督，就不能发挥会计应有的作用。

第二章　会计要素及会计平衡公式

复习测试题（一）

一、单项选择题

1.【答案】A

【解析】会计要素又称为会计对象要素，是对会计对象所做的基本分类。

2.【答案】D

【解析】会计要素包括资产、负债、所有者权益、收入、费用、利润。

3.【答案】D

【解析】租入3个月的机器设备，不属于企业所有，所以不是企业的资产要素。

4.【答案】B

【解析】应收账款和存货都是资产要素，实收资本是所有者权益要素。

5.【答案】B

【解析】所有者权益是企业全部资产扣除负债后的剩余权益，即净资产。

6.【答案】C

【解析】财务费用是与筹建资金有关的费用，与其所在部门无关。

7.【答案】D

【解析】企业同一资金表现为两面性，一方面表现为一定数额的资产，另一方面表现为为谁所有，即权益。

8.【答案】D

【解析】盈余公积和未分配利润统称为留存收益。

9.【答案】C

【解析】罚款收入是企业非日常活动所得，是一种收益，但不属于收入要素的范畴。

10.【答案】D

【解析】流动负债是指偿还期限在1年（含1年）或超过1年的一个正常的营业周期以内的债务。

11.【答案】C

【解析】收入-费用=利润，这是会计等式。

12.【答案】A

【解析】投资者投入资本，反映投资者的权益就是实收资本。

二、多项选择题

1.【答案】CD

【解析】预付账款是资产，而且是流动资产。

2.【答案】ABCD

【解析】所有者权益包括实收资本、资本公积、盈余公积和未分配利润。

3.【答案】CDE

【解析】收入与利得的区别：收入是由日常活动引起，利得是由非日常活动引起。

4.【答案】ABCD

【解析】非日常活动发生的一切支出属于损失，不属于费用。

5.【答案】CDE

【解析】费用与损失的区别：费用是指企业在日常活动中发生的；损失是指企业在非日常活动中发生的。

6.【答案】BD

【解析】银行存款减少属于资产减少，短期借款减少属于负债减少。

7.【答案】ABDE

【解析】会计平衡式左边原材料增加5 000元，右边实收资本增加5 000元，则等式的金额也增加了5 000元。

8.【答案】ACE

【解析】选项A等式总额增加了1 000元，选项B等式左边一增一减，没有影响等式总额；选项C等式总额减少了1 000元，选项D等式右边一增一减，没有影响等式总额；选项E使式总额增加了100 000元。

9.【答案】ACDE

【解析】编制利润表的理论依据是收入-费用=利润。

10.【答案】BDE

【解析】预收账款、应付账款、应付票据都属于负债。

三、判断题

1.【答案】×

【解析】会计要素是对会计对象个体内容所做的基本分类。

2.【答案】√

【解析】略

3.【答案】×

【解析】存货不应包括固定资产，固定资产属于非流动资产。

4.【答案】×

【解析】预收款项属于负债，不是资产。

5.【答案】×

【解析】负债是指企业过去的交易或事项形成的、预期会导致经济利益流出企业的现时义务。

6.【答案】√

【解析】略

7.【答案】×

【解析】要确认为企业的资产需要符合资产的定义，同时必须满足两个条件：与该资源有关的经济利益很可能流入企业；该资源的成本能可靠地计量。

8.【答案】×

【解析】福利费和津贴补贴等也是应付职工薪酬的内容。

9.【答案】√

【解析】略

10.【答案】×

【解析】长期借款是指向银行或其他金融机构借入期限在 1 年以上或超过 1 年的一个营业周期以上的借款。

11.【答案】×

【解析】无形资产虽是没有实物形态的非货币性资产，但仍有经济价值。

12.【答案】×

【解析】出租无形资产取得的收益属于让渡资产使用权收益，是其他业务收入。出售无形资产的收益是营业外收入。

13.【答案】√

【解析】略

四、计算题

1.【答案】

（1）流动资产=1 500 000+115 000+1 000+568 000=2 184 000（元）

（2）非流动资产=200 000（元）

（3）流动负债=50 000+5 000+23 400+100 000=178 400（元）

（4）非流动负债=500 000（元）

（5）资产=2 184 000+200 000=2 384 000（元）

（6）负债=178 400+500 000=678 400（元）

（7）费用=3 000+400+10 000=13 400（元）

2.【答案】

（1）2015年年初实收资本=300（万元）

（2）2015年年末净资产=800-300=500（万元）

（3）2015年年末留存收益=500-300=200（万元）

五、业务分析题

【答案】

经济业务类型表

经济业务序号	经济业务类型
例	一项资产（材料）增加，一项负债（应付账款）增加
1	一项负债（短期借款）增加，另一项负债（应付账款）减少
2	一项资产（银行存款）减少，一项负债（应付账款）减少
3	一项所有者权益（资本公积）减少，另一项所有者权益（实收资本）增加
4	一项资产（银行存款）增加，一项所有者权益（实收资本）增加
5	一项资产（库存现金）增加，另一项资产（银行存款）减少
6	一项负债（应付票据）减少，另一项负债（应付账款）增加
7	一项资产（银行存款）减少，另一项资产（固定资产）增加

复习测试题（二）

一、单项选择题

1.【答案】A

【解析】资产（应收账款）减少，另一项资产（银行存款）增加，资产总额不变。

2.【答案】B

【解析】资产（银行存款）减少，负债（应交税费）减少。

3.【答案】D

【解析】选项A是资产（银行存款）减少，资产（原材料）增加；选项B是资产（银行存款）减少，负债（应付账款）减少；选项C是资产（银行存款）增加，资产（应收账款）减少；选项D是资产（固定资产）增加，负债（应付账款）增加。

4.【答案】A

【解析】选项A资产总额增加，选项B资产（银行存款）减少；选项C资产总额不变，选项D只在所有者权益中一增一减，资产总额不变。

5.【答案】C

【解析】遵循会计恒等式，如果只涉及负债要素变动，必然是负债内的某些项目一增一减。

6.【答案】B

【解析】会计恒等式是复式记账、试算平衡及编制资产负债表的理论依据，也是会计核算方法体系的理论基础。

7.【答案】C

【解析】选项A资产（银行存款）减少，资产（原材料）增加；选项B资产（银行存款）减少，负债（短期借款）减少；选项C负债（短期借款）增加，负债（应付账款）减少；选项D资产（库存现金）减少，资产（银行存款）增加。

8.【答案】A

【解析】工业企业的所有销售商品取得的收入均是主营业务收入，而选项B、C、D都是其他业务收入。

9.【答案】A

【解析】存货包括原材料、在产品、库存商品、周转材料等。

10.【答案】B

【解析】负债是指企业过去交易或事项形成的、预期会导致经济利益流出企业的现时义务。

11.【答案】C

【解析】选项 A 等式总额增加；选项 B 等式总额增加；选项 C 等式总额不变；选项 D 等式总额减少。

12.【答案】C

【解析】选项 A 资产（银行存款）减少，负债（短期借款）减少；选项 B 资产（银行存款）增加，所有者权益（实收资本）增加；选项 C 资产（银行存款）增加，资产（应收账款）减少；选项 D 资产（银行存款）减少，负债（应付利润）减少。

二、多项选择题

1.【答案】ABC

【解析】“资产=负债+所有者权益”这一会计恒等式是编制资产负债表的理论依据，它反映企业财务状况。

2.【答案】ABD

【解析】会计的方法包括核算、分析、检查三个方面。

3.【答案】ACD

【解析】资产的取得途径除了投资者投入、借入，还有购入、接受捐赠等方式。资产可以是有实物形态的资产，也可以是无实物形态的无形资产。

4.【答案】ABCE

【解析】会计核算方法包括七种：设置账户、复式记账、填制和审核凭证、登记账簿、成本计算、财产清查、编制财务会计报告。

5.【答案】ACDE

【解析】厂房和办公大楼属于固定资产。

6.【答案】ABD

【解析】遵循会计恒等式“资产=负债+所有者权益”，等式右边的所有者权益减少，可能会引起下列变化：另一项所有者权益增加，如资本公积转增注册资本；一项负债增加，如向股东分配利润；一项资产减少，如用存款支付经批准减少的实收资本。

7.【答案】ABCDE

【解析】无形资产包括专利权、著作权、商标权、非专有技术、土地使用权、经营特许权等。

8.【答案】BCE

【解析】“收入-费用=利润”这一等式是编制利润表的理论依据，反映企业的经营成果。

9.【答案】BC

【解析】选项A资产（原材料）增加，负债（应付账款）增加；选项B资产（银行存款）减少，资产（库存现金）增加；选项C资产（银行存款）增加，资产（应收账款）减少；选项D资产（原材料）增加，所有者权益（实收资本）增加；选项E负债（应付票据）增加，负债（应付账款）减少。

10.【答案】ABDE

【解析】资产+费用=负债+所有者权益+收入，故选项 C 错误。

三、判断题

1.【答案】√

【解析】权益包括债权人权益和投资者权益。

2.【答案】×

【解析】资产按流动性分为流动资产和非流动资产。

3.【答案】×

【解析】借款期在1年以上或超过1年的一个正常的营业周期以上的借款属于长期借款。

4.【答案】×

【解析】利得是企业的收益，但不属于收入要素。

5.【答案】√

【解析】略

6.【答案】×

【解析】资产与权益始终保持平衡关系，根据经济业务类型，其总金额可能不变，也可能增加或减少。

7.【答案】×

【解析】经济业务发生后，可能只引起资产内部变化。

8.【答案】×

【解析】损失是流出企业的经济资源，但不属于费用要素。

9.【答案】×

【解析】所有者权益是投资人对企业净资产的所有权。

10.【答案】√

【解析】略

11.【答案】×

【解析】会计上所讲的资本金就是注册资产，即实收资本。

12.【答案】×

【解析】接受捐赠的部分属于营业外收入。

13.【答案】√

【解析】略

四、计算题

1.【答案】

（1）6月末，该企业资产总额=700+40+5−5−20+10=730（万元）

（2）6月末，该企业负债总额=20-20+10=10（万元）

（3）6月末，该企业所有者权益=680+40=660（万元）

2.【答案】

经济业务表

序号	资产	负债	所有者权益
1	5 600 000	2 300 000	（3 300 000）
2	2 100 000	（1 120 000）	980 000
3	（610 000）	90 000	520 000
4	（1 821 790）	67 890	1 753 900
5	459 000	（339 000）	120 000

五、业务分析题

【答案】

会计恒等式变化情况

业务序号	经济业务对会计恒等式的影响
例	一项资产增加 10 000 元，一项负债增加 10 000 元，等式两边总额增加 10 000 元
1	一项资产增加 658 000 元，一项资产减少 658 000 元，等式两边总额不变
2	一项资产减少 234 000 元，一项资产增加 234 000 元，等式两边总额不变
3	一项负债减少 575 000 元，一项所有者权益增加 575 000 元，等式两边总额不变
4	一项资产增加 11 700 元，一项负债增加 11 700 元，等式两边总额增加 11 700 元
5	一项资产增加 30 000 元，一项资产增加 40 000 元，一项所有者权益增加 70 000 元，等式两边总额增加 70 000 元
6	一项资产减少 50 000 元，一项所有者权益减少 50 000 元，等式两边总额减少 50 000 元
7	一项资产增加 100 000 元，一项负债增加 100 000 元，等式两边总额增加 100 000 元

第三章　账户和复式记账

复习测试题（一）

一、单项选择题

1.【答案】D

【解析】本题考察资产类账户期末余额公式的运用。“应收账款”账户是资产类账户，其期末余额公式=期初借方余额+本期借方发生额-本期贷方发生额。由于计算结果是负数，所以只能是有贷方余额。

2.【答案】C

【解析】复式记账法中，账户间借方和贷方形成对应关系，存在对应关系的账户称为对应账户。所以贷方的“银行存款”账户只能对应借方的“固定资产”账户。

3.【答案】A

【解析】试算平衡公式中存在平衡关系的账户是一个会计主体在一个会计期间所有

经济业务中存在对应关系的账户的借方金额之和与贷方金额之和。

4.【答案】D

【解析】这是复式记账法概念中指明的内容，也是与单式记账法的根本区别所在。

5.【答案】D

【解析】总分类科目提供会计要素的总括资料，明细分类科目提供会计要素的详细资料，这是二者的划分标准。

6.【答案】D

【解析】本题考察资产类账户期末余额公式的运用。“库存现金”账户是资产类账户，其期末余额公式=期初借方余额+本期借方发生额-本期贷方发生额。本题已知“期末余额”“期初借方余额”“本期贷方发生额”，求“本期借方发生额”，所以公式需移项变形。

7.【答案】B

【解析】这是借贷记账法的特点之一。“借”“贷”二字最初用来表示债权和债务的增减变动。随着时间的推移，“借”“贷”两字已逐渐失去了最初的含义，不再表示任何经济意义，而单纯地成为借贷记账法记账方向的符号，即“借”“贷”已经脱离本义，仅仅代表记账符号。

8.【答案】D

【解析】试算平衡就是指在某一时日（如会计期末），为了保证本期会计处理的正确性，依据会计等式或复式记账原理，对本期各账户的全部记录进行汇总、测算，以检验其正确性的一种专门方法。而复式记账法中“借贷记账法”的记账规则是产生试算平衡关系的理论基础。会计恒等式是会计要素之间在总额上必然相等的一种关系式，所以它是复式记账、账户试算平衡及编制资产负债表的理论依据。

9.【答案】B

【解析】本题考察账户期末余额公式的运用。无论是资产类账户，还是负债类账户，其期末余额公式=期初余额+本期增加发生额-本期减少发生额。本题已知“期末余额”“期初余额”“本期增加发生额”，求“本期减少发生额”，所以公式需移项变形。

10.【答案】C

【解析】略

11.【答案】D

【解析】因为“流动资产”只是一个统称，并不能成为一个会计科目，在资产负债表中代表的是一个合计项目。

12.【答案】B

【解析】负债类账户的结构与资产类账户结构恰好相反。

二、多项选择题

1.【答案】BD

【解析】两者都需要对会计对象进行分类，都说明一定的经济业务内容，账户依据会计科目设置，会计科目是账户的名称，两者反映的经济业务内容相同。会计科目仅是一个名称而无结构，只表明某类经济内容；账户既有名称又有格式和结构，并记录和反映某类经济内容的增减变化及其结余情况，二者既有联系，又有区别。

2.【答案】ABC

【解析】这也是编制会计分录的三个步骤。

3.【答案】ACE

【解析】略

4.【答案】ABE

【解析】试算平衡公式既有发生额的试算平衡，也有余额的试算平衡；既有期初余额也有期末余额的试算平衡公式。

5.【答案】BCD

【解析】解析同第4题。

6.【答案】AC

【解析】因为总分类账户与其所属的明细分类账户间存在着密切的关系：总分类账户对其所属的明细分类账户起着控制和统驭的作用，明细分类账户对其所归属的总分类账户起着补充和具体说明的作用，二者相辅相成，存在着“三相同，一相等”的关系。

7.【答案】ABCE

【解析】解析同第6题。

8.【答案】ABCE

【解析】资产类账户与权益类账户的结构恰好相反。资产类账户结构：借增贷减，权益类账户结构：贷增借减。

9.【答案】ABCD

【解析】会计分录包括简单会计分录和复合会计分录。简单会计分录是一借一贷的会计分录；复合会计分录包括一借多贷、多借一贷、多借多贷的会计分录。

10.【答案】ACE

【解析】账户结构主要分为四大类：资产类、权益类、收入类、费用类。资产类账户与费用类账户结构相同，权益类账户与收入类账户结构相同，资产类账户与权益类账户结构相反。

三、判断题

1.【答案】×

【解析】试算平衡公式能检查出账户中如借贷不平衡等明显错误，但对于记账中如用错账户、记错方向、记错金额等错误，由于并不影响借贷平衡，因此通过试算平衡公式不能发现。

2.【答案】×

【解析】总分类账户余额为零，其所属的明细分类账户余额不一定为零。例如，应收账款总账为0，但A客户有借方余额1 000元，B账户有贷方余额1 000元。这种情况，总分类账户余额为零，但其所属的各明细账户的余额不为零。

3.【答案】√

【解析】会计科目与会计账户既有联系又有区别。两者口径一致，性质相同，都是体现对会计要素具体内容的分类。会计科目是账户的名称，是设置账户的依据，账户是会计科目的具体运用。两者的区别：会计科目仅仅是账户的名称，是账户的构件，本身不存在结构；而账户则有一定的格式和结构。

4.【答案】×

【解析】企业会计准则明确规定，企业会计核算必须采用复式记账法中的借贷记账法。

5.【答案】√

【解析】有几个特殊的账户会出现期末有贷方余额的情况，如累计折旧、短期投资跌价准备、坏账准备、存货跌价准备等。有些资产类账户的余额既可能在借方，也可能在贷方。例如，对于“应收账款”账户，如果本期收回的款项大于应收款项（即存在预收款项），则期末“应收账款”账户的余额在贷方，表示预收的款项，此时“应收账款”账户变成负债性质的账户。所以，题目中必须加“一般情况下”几个字，表示绝大多数情况下成立，而说成“期末余额一定在借方”，则为错误。

6.【答案】√

【解析】略

7.【答案】×

【解析】运用借贷记账法记录经济业务时，有关账户之间形成的相互关系称为对应关系，存在对应关系的账户称为对应账户。

8.【答案】×

【解析】在借贷记账法下，账户的借方登记资产类和成本费用类账户的增加数、权益类和收入利润类账户的减少数，贷方登记权益类和收入利润类账户的增加数、资产类和成本费用类账户的减少数。

9.【答案】√

【解析】会计科目是按照经济内容和管理需要对各会计要素的具体内容进行分类核算而确立的项目。

10.【答案】×

【解析】在总分类账户中只使用货币度量反映经济业务。

11.【答案】×

【解析】复式记账法就是对每一项经济业务，都以相等的金额，在两个或两个以上相互联系的账户中进行登记的一种记账方法。而同时在总账及所属的明细账中进行登记的一种方法称为平行登记法。

12.【答案】√

【解析】解析同第 7 题。

13.【答案】√

【解析】略

四、计算题

【答案】A：134 000，B：70 000，C：72 000，D：69 000，E：22 000，F：62 000。

【解析】根据总账和明细账之间平行登记的原理，

库存商品（A商品）中本期贷方发生额D=库存商品（总账）本期贷方发生额124 000
-库存商品（B商品）本期贷方发生额55 000
=69 000（元）

库存商品（B商品）中期初余额E=库存商品（总账）中期初余额60 000
-库存商品（A商品）中期初余额38 000
=22 000（元）

根据资产类账户期末余额公式的运用，

库存商品（A商品）本期借方发生额C=期末余额41 000+本期贷方发生额D

-期初余额38 000

=41 000+69 000-38 000=72 000（元）

库存商品（B商品）中本期发生额F=期末余额29 000+本期贷方发生额55 000

-期初余额E

=29 000+55 000-22 000=62 000（元）

库存商品（总账）中本期借方发生额A=库存商品（A商品）中本期借方发生额C

+库存商品（B商品）中本期借方发生额F

=72 000+62 000=134 000（元）

库存商品（总账）中期末余额B=库存商品（总账）中期初余额60 000+本期借方发生额A

-本期贷方发生额124 000

=60 000+134 000-124 000=70 000（元）

五、业务分析题

【答案】

	借方	贷方
（1）借：银行存款	30 000	
贷：短期借款		30 000
（2）借：原材料——甲材料	8 500	
应交税费——应交增值税（进项税额）	1 360	
贷：银行存款		9 860
（3）借：应付账款——佳境公司	25 000	
贷：银行存款		25 000
（4）借：应交税费——应交所得税	28 400	
贷：银行存款		28 400
（5）借：管理费用——办公费	1 000	
贷：银行存款		1 000
（6）借：库存现金	2 000	
贷：银行存款		2 000
（7）借：预付账款	2 000	
贷：银行存款		2 000
（8）借：银行存款	10 000	
应收账款——大方公司	15 740	
贷：主营业务收入——A 产品		22 000
应交税费——应交增值税（销项税额）		3 740
（9）借：银行存款	9 500	
贷：应收账款——深发公司		9 500
（10）借：销售费用——广告费	10 000	
贷：银行存款		10 000
（11）借：银行存款	100 000	

固定资产——设备　500 000

贷：实收资本——富达公司　600 000

（12）借：管理费用　900

库存现金　100

贷：其他应收款——丁×　1 000

（13）借：管理费用——折旧费　13 000

制造费用——折旧费　17 000

贷：累计折旧　30 000

复习测试题（二）

一、单项选择题

1.【答案】B

【解析】复式记账法中，账户间借方和贷方相互依存形成对应关系，存在对应关系的账户称为对应账户。

2.【答案】A

【解析】借贷记账法中，根据“有借必有贷，借贷必相等”的记账规则，账户间借方和贷方形成对应关系，金额上借方发生额和贷方发生额存在对等关系，所以产生了全部对应账户间发生额的试算平衡公式。

3.【答案】C

【解析】试算平衡公式能检查出账户中如借贷不平衡等错误，但对于记账中如用错账户、记错方向、记错金额等错误，由于并不影响借贷平衡，因此通过试算平衡公式不能发现。

4.【答案】A

【解析】复式记账法中，账户间借方和贷方相互依存形成对应关系，存在对应关系的账户称为对应账户。

5.【答案】A

【解析】会计对象是会计主体中能够以货币表现的经济活动，会计要素是对会计对象个体内容所做的基本分类，会计科目是对各会计要素的具体内容按照经济内容和管理需要进行分类核算的项目。三者之间的关系是逐渐细化和具体的关系。

6.【答案】B

【解析】会计科目和会计账户都是对会计对象具体内容的科学分类，两者口径一致，性质相同。两者的主要区别是，会计科目仅仅是账户的名称，不存在结构，而账户则具有一定的格式和结构。

7.【答案】C

【解析】复合会计分录是指涉及三个或三个以上账户的会计分录，其形式可以是“一借多贷”“多借一贷”“多借多贷”。其余选项均为简单会计分录。

8.【答案】A

【解析】会计科目是对各会计要素的具体内容按照经济内容和管理需要进行分类核算的项目。但要成其为会计核算方法，只能是“设置会计科目”。

9.【答案】C

【解析】因为总分类账户与其所属的明细分类账户间存在着密切的关系：总分类账户对其所属的明细分类账户起着控制和统驭的作用，明细分类账户对其所归属的总分类账户起着补充和具体说明的作用。二者之间相辅相成，存在着“三相同，一相等”的关系，在记账时既要登记总分类账户，又要登记明细分类账户，这就是平行登记方法。

10.【答案】D

【解析】这是复式记账法与单式记账法相比的优势。前三个选项都只是复式记账法才具有的特点，最后一个选项才是二者的区别。

11.【答案】D

【解析】账户结构主要分为四大类，即资产类账户、权益类账户、收入类账户、费用类账户。资产类账户与费用类账户结构相同，权益类账户与收入类账户结构相同，资产类账户与权益类账户结构刚好相反。在借贷记账法下，账户的借方登记资产类和成本费用类账户的增加数、权益类和收入利润类账户的减少数，贷方登记权益类和收入利润类账户的增加数、资产类和成本费用类账户的减少数。

12.【答案】A

【解析】会计账户中有期初和期末余额的账户称为实账户，包括资产、负债和所有者权益类账户；而没有期初和期末余额的账户称为虚账户，包括收入和成本费用类账户即损益类账户。而期初和期末余额均在借方的账户只有资产类账户。

二、多项选择题

1.【答案】BCE

【解析】账户结构的四大类中，资产类账户与费用类账户结构相同，权益类账户与收入类账户结构相同，资产类账户与权益类账户结构刚好相反。在借贷记账法下，账户的借方登记资产类账户和成本费用类账户的增加数、权益类账户和收入利润类账户的减少数，贷方登记权益类账户和收入利润类账户的增加数、资产类账户和成本费用类账户的减少数。资产类账户余额在借方，权益类账户余额在贷方。

2.【答案】BDE

【解析】这是借贷记账法的特点之一。“借”“贷”二字最初用来表示债权和债务的增减变动。随着时间的推移，“借”“贷”两字已逐渐失去最初的含义，而单纯地成为借贷记账法表记账方向的记账符号。在金额的增减变化上，可表示“增加”和“减少”。至于哪方记增加哪方记减少，则取决于账户所反映的经济业务内容。

3.【答案】ABCE

【解析】试算平衡公式能检查出账户中如借贷不平衡（即借贷双方中一方多记金额，另一方少记金额）等错误，但对于记账中如用错账户、记错方向、记错金额等错误，由于并不影响借贷平衡，因此通过试算平衡公式是不能发现其错误的。

4.【答案】ABDE

【解析】在借贷记账法下，账户的借方登记资产类账户和成本费用类账户的增加数、权益类账户和收入利润类账户的减少数，贷方登记权益类账户和收入利润类账户的增加数、资产类账户和成本费用类账户的减少数。

5.【答案】ABDE

【解析】复式记账法的优点是由复式记账法的概念而来的。由于复式记账法对每一项经济业务，都以相等的金额，在两个或两个以上相互联系的账户中进行记账，账户间借方和贷方相互依存形成对应关系，金额之间形成等量关系。因此可以利用复式记账法来检查会计分录的正确性，便于进行试算平衡。

6.【答案】ABCD

【解析】因为总分类账户与其所属的明细分类账户间存在着密切的关系：总分类账户对其所属的明细分类账户起着控制和统驭的作用，明细分类账户对其所归属的总分类账户起着补充和具体说明的作用，二者相辅相成，存在着“三相同，一相等”的关系。

7.【答案】AB

【解析】因为复式记账法的特点，任何一笔业务所引起的一个（或几个）账户借方金额的变化应该等于另一个（或几个）账户贷方金额的变化，任何时候都不例外。因此产生了“有借必有贷，借贷必相等”的借贷记账法的记账规则。

8.【答案】BDE

【解析】会计账户分为实账户和虚账户，没有期初和期末余额的账户称为虚账户，包括收入和成本费用类账户。之所以它们没有余额，是因为这类账户期末都要结转到“本年利润”账户中；而“制造费用”则期末结转到“生产成本”中，期末也无余额。

9.【答案】AC

【解析】在借贷记账法下，账户的哪一方记增加，哪一方记减少，取决于账户的性质及所反映的经济业务内容。

10.【答案】ABCDE

【解析】会计账户与会计科目的联系与区别在于，会计账户是根据会计科目开设的，会计科目是账户的名称；但二者的根本区别则在于会计科目只有名称，无格式和结构，而账户则既有格式又有结构。其内容包括账户名称、日期、摘要、凭证编号、增加、减少金额及余额。

三、判断题

1.【答案】×

【解析】负债类和所有者权益类账户的期末余额一般在贷方。例如，企业当年亏损，在年终结转前，各月本年利润余额会在借方，反映企业的亏损情况。

2.【答案】×

【解析】复合会计分录是指一项经济业务涉及三个或三个以上账户的分录，即一借多贷或多借一贷或多借多贷的会计分录。一个复合会计分录可以拆分为几个简单的会计分录，几个简单的会计分录也可以复合成一个复合会计分录。但无论拆分还是复合，这些分录都必须是同一业务中存在相互对应关系的账户，否则毫无关联的账户是不能复合成一个正确的复合会计分录的。

3.【答案】√

借方　科目名称　贷方

【解析】账户的这种结构简单化为“T”形账户。

4.【答案】√

【解析】因为资产类账户的结构是借增贷减，期初和期末余额均在借方。

5.【答案】√

【解析】总分类账户及其明细分类账户可以不同时但必须在同一会计期间内登记。

6.【答案】×

【解析】虽然试算平衡公式能够检查出账户借贷不平衡等错误，但不能检查出所有的错误。

7.【答案】√

【解析】会计科目是复式记账的基础。会计账户是根据会计科目开设的，没有会计科目就没有会计账户。同时会计科目也是编制记账凭证的基础，没有会计科目无法编制会计凭证。

8.【答案】×

【解析】在借贷记账法下，账户的借方登记资产类账户和成本费用类账户的增加数、权益类账户和收入利润类账户的减少数，贷方登记权益类账户和收入利润类账户的增加数和资产类账户、成本费用类账户的减少数。即在借贷记账法下，账户的哪一方记增加，哪一方记减少，取决于账户的性质及所反映的经济业务内容。

9.【答案】√

【解析】因为借贷记账法是复式记账方法，任何一笔业务所引起的一个（或几个）账户借方金额的变化应该等于另一个（或几个）账户贷方金额的变化，任何时候都不例外，因此产生了“有借必有贷，借贷必相等”的借贷记账法的记账规则。

10.【答案】√

【解析】本题考核总分类账户与明细分类账户的平行登记。对发生的每项交易或事项都要以会计凭证为依据，一方面记入有关总分类账户，另一方面记入其所属的明细分类账户，因此总分类账户与所属明细分类账户在总金额上应当相符。

11.【答案】×

【解析】会计科目是由国家统一的会计制度规定的，各单位只要是在符合国家统一的会计制度的前提下，遵循合法性、相关性、实用性三个原则就可以增设、分拆、合并会计科目。

12.【答案】√

【解析】略

13.【答案】√

【解析】这是会计账户的概念所阐述的。

四、计算题

【答案】资产总额=120+15+10+8-8=145（万元）

负债总额=120-50+15+10-10+5=90（万元）

【解析】

业务（1）银行存款增加15万，短期借款增加15万元；业务（2）固定资产增加10万元，实收资本增加10万元；业务（3）原材料增加8万元，银行存款减少8万元；业务（4）应付账款减少10万元，短期借款增加10万元；业务（5）资本公积减少5万元，盈余公积增加5万元；业务（6）利润分配减少5万元，应付利润增加5万元。

因此，该企业6月30日的资产总额=期初的120万元+（1）15万元+（2）10万元+（3）8万元-（3）8万元=145万元。

该企业6月30日的负债总额=期初资产总额120万元-期初所有者权益总额50万元+（1）15万元+（4）10万元-（4）10万元+（6）5万元=90万元。

五、业务分析题

【答案】

（1）借：原材料　　20 000

　　贷：银行存款　　20 000

（2）借：银行存款　　500 000

　　贷：实收资本——乙单位　　500 000

（3）借：银行存款　　50 000

　　贷：短期借款　　50 000

（4）借：其他应收款——李明　　1 000

　　贷：库存现金　　1 000

（5）借：库存现金　　100 000

　　贷：银行存款　　100 000

（6）借：管理费用——办公费　　800

　　贷：银行存款　　800

（7）借：固定资产——机器设备　　60 000

　　贷：银行存款　　60 000

（8）借：管理费用　　700

　　库存现金　　300

　　贷：其他应收款——李明　　1 000

（9）借：应付账款　　50 000

　　贷：银行存款　　50 000

（10）借：原材料　　120 000

　　贷：银行存款　　100 000

　　应付账款　　20 000

（11）借：银行存款　　20 000

　　贷：应收账款　　20 000

（12）借：管理费用——维修费　　500

　　贷：库存现金　　500

（13）借：生产成本　　30 000

　　贷：原材料　　30 000

第四章　会 计 凭 证

复习测试题（一）

一、单项选择题

1.【答案】D

【解析】略

2.【答案】D

【解析】这是原始凭证按填制手续和方法的不同进行的分类。选项A、B、C均属于一次原始凭证。

3.【答案】A

【解析】发票按印制过程可分为统印发票和自印发票，选项B、C、D都是属于企业自有原始凭证，不是外来原始凭证，增值税专用发票自己开的就是自制的，购货时其他单位或个人开给企业抵扣的就是外来的。

4.【答案】C

【解析】因为原始凭证不涉及会计分录的问题，会计分录是通过记账凭证确定，所以原始凭证审核内容不应包括选项C。

5.【答案】B

【解析】会计制度规定，涉及库存现金和银行存款及各种类银行存款之间相互划转的经济业务，为避免重复记账，记账凭证只填制一张付款凭证，即从银行提取现金的业务编制银行付款凭证，现金存入银行的业务编制现金付款凭证。

6.【答案】C

【解析】记账凭证必须按月连续编号，以便于记账、查账，防止散落和丢失。

7.【答案】B

【解析】因为会计人员拿到原始凭证的日期，并不是原始凭证签发当日的，常常是比原始凭证上的日期晚；并且在实务当中，只根据一张原始凭证就编制一张记账凭证的，一般很少。通常的做法是根据收集的原始凭证再进行分类，将同类业务的原始凭证聚集在一起做一张记账凭证。这时，多张业务相同的原始凭证其日期并不会全部相同，因此，只能按登记记账凭证的日期而不是原始凭证上的日期。

8.【答案】C

【解析】原始凭证不得外借，其他单位如有特殊原因确实需要使用时，经本单位会计机构负责人、会计主管人员批准，可以复制。

9.【答案】D

【解析】原始凭证是在交易、事项发生或完成时取得或填制的，用以记录或证明交易、事项的发生或完成情况的文字凭据。因此凡是不能证明经济业务已经发生或完成的各种单据，均不能成为会计核算的原始证据，更不会是记账凭证，如购货或销售合同、请购单、对账单等。

10.【答案】D

【解析】对于真实、合法、合理但内容不够完整、填写有错误的原始凭证，应退回给有关经办人员，由其负责将其补充完整、更正错误或重开后，再办理正式会计手续；对于不真实、不合法的原始凭证，会计机构和会计人员有权不予接受，并向单位负责人报告。

11.【答案】A

【解析】这是原始凭证的概念所定义的。只有原始凭证是经济业务发生时取得或填制的第一手资料，是进行会计核算具有法律效力的原始书面证明。而记账凭证是根据审核无误的原始凭证来填制的，是间接资料。

12.【答案】B

【解析】解析同第5题。

二、多项选择题

1.【答案】ACDE

【解析】外来原始凭证是指本企业在同外单位或个人进行经济业务往来时，在经济业务发生或完成时从外单位或个人手中取得的原始凭证。外来原始凭证都是一次凭证，并且必须加盖填制单位公章才有效。

2.【答案】BCD

【解析】是一次凭证还是累计凭证，是指填制原始凭证的手续是需要一次完成还是多次完成。如果是一次完成，则称为一次凭证；如果是多次完成，则称为累计凭证。

3.【答案】ABCD

【解析】原始凭证不得以虚假的交易或事项为依据填制；购买实物的原始凭证，必须有验收证明；原始凭证应在交易或事项发生或完成时立即填制；外来或自制原始凭证必须有经办部门负责人或其指定的人员签名或盖章；原始凭证不得随意撕毁，要妥善保管；收回职工借款时，不可将原借款借据正联退还，必须另开收据。

4.【答案】BD

【解析】记账凭证可以根据每一张原始凭证填制，或者根据若干张同类原始凭证汇总填制，也可以根据原始凭证汇总表填制。但不得将不同内容和类别的原始凭证汇总填制在一张记账凭证上。从银行提取现金只填列银行存款付款凭证。

5.【答案】BD

【解析】此题涉及的会计分录为

借：管理费用

　　库存现金

　　贷：其他应收款——××

将此会计分录拆分为两个简单的会计分录，则可以编制一张现金收款凭证和一张转账凭证。

6.【答案】ABCDE

【解析】审核记账凭证包括是否附有原始凭证，凭证的内容与所附原始凭证的内容、金额是否一致；会计分录是否使用正确，项目是否齐全、完整，书写是否规范等。

7.【答案】ABC

【解析】记账凭证可以根据每一张原始凭证填制，或者根据若干张同类原始凭证汇总填制，也可以根据原始凭证汇总表填制。但不得将不同内容和类别的原始凭证汇总填制在一张记账凭证上，也必须以真实发生的原始凭证为依据。

8.【答案】ACD

【解析】提货单是收货人凭正本提单或副本提单随同有效的担保向承运人或其代理人换取的、可向港口装卸部门提取货物的凭证。它不能作为会计记账的原始凭证，因为它不是正式税务监管票据，应以发票、入库单等作为会计记账的原始凭证。同样，购货合同也不是原始凭证，因为它不能证明经济业务发生或完成。

9.【答案】CD

【解析】限额领料单从来源渠道上来分，属于自制原始凭证，从填制手续和方法上来分，属于累计凭证。

10.【答案】ABC

【解析】略

三、判断题

1.【答案】×

【解析】原始凭证是填制记账凭证的直接依据，是登记账簿的间接依据，有时还可以直接记账。例如，记账凭证汇总表就可以直接登记总账，但它是自制的原始凭证。

2.【答案】×

【解析】原始凭证按取得的来源渠道分为外来原始凭证和自制原始凭证。

3.【答案】×

【解析】只有经过审核无误的原始凭证，才可以作为收付财物和记账的依据，而原始凭证的审核内容除了真实性以外还包括合法性、合理性、完整性、正确性、及时性。

4.【答案】√

【解析】会计凭证包括原始凭证和记账凭证两种。原始凭证上主要表明了经济业务事项、数量、金额等，没有涉及会计科目和记账方向。只有按会计核算方法的要求将其归类、整理为能反映会计科目和记账方向的记账凭证形式，才能入账。

5.【答案】×

【解析】如果是未入账的记账凭证编制时出现错误，应重新编制；发现已入账的记账凭证错误，应按规定的更正错误的方法予以更正。

6.【答案】×

【解析】"收付款记账凭证既是出纳员收付款项的依据"是错误的，出纳员收付款项的依据是各种原始单据。收付款记账凭证是根据原始单据填写的，是登记现金、银行存款日记账的依据。至于收付款记账凭证是否为直接登记总账的依据，要看使用的是什么财务处理程序。如果采用记账凭证账务处理程序，则是正确的；如果采用的是科目汇总表和汇总记账凭证账务处理程序，则不正确，因为登记总账的依据是科目汇总表或汇总记账凭证。

7.【答案】×

【解析】为了避免重复记账，企业将现金存入银行或者从银行提取现金的事项，一般只填制付款凭证，不填制收款凭证。

8.【答案】×

【解析】原始凭证不得外借，其他单位如因特殊原因需要使用原始凭证时，需经本单位会计机构负责人、会计主管人员批准，方可以复制。

9.【答案】×

【解析】保管期满的原始凭证，单位不得自行销毁。如需销毁，需要通过报批手续，报经上级主管部门审批后，由档案部门和会计部门共同销毁，并有主管部门监销。另外，对于保管期满但未结清债权债务的原始凭证和涉及其他未了事项的原始凭证，不得销毁，应单独抽出立卷，由档案部门保管到未了事项完结为止。

10.【答案】√

【解析】略

11.【答案】×

【解析】会计凭证必须经审核无误后才可以作为登记账簿的依据。

12.【答案】×

【解析】填制会计凭证时，可以同时填写会计科目全称和会计科目编号，也可以只填写会计科目全称，不填写会计科目编号。但不能只填写会计科目编号，不填写会计科目全称。因为科目编号不是唯一的，比如“现金”科目有的单位编号是 101，有的单位编号是用 1001。为了会计核算的统一性，在填制会计凭证时，会计科目必须填写会计科目全称。

13.【答案】√

【解析】期末结转损益的记账凭证编制的依据是各损益类账户的账面发生额，可以不附原始凭证；更正错账的记账凭证只需在摘要中注明“更正××号凭证”，也可以不附原始凭证。除此之外，其他的记账凭证都必须附有原始凭证。

四、综合题

1.【答案】

重庆增值税发票（发票联）

开票日期：2017 年 4 月 03 日　　　　No.××××××

购货单位				
购货单位	名　　称	光华百货公司	纳税人登记号	440003210705
	地址、电话	重庆市巴南区铠恩路 101 号 8952340	开户银行及账号	中国工商银行重庆巴南区支行 54627

商品或劳务名称	计量单位	数量	单价	金额							税率	税额					
				万	千	百	十	元	角	分	%	千	百	十	元	角	分
大米	千克	1 000	2.5		2	5	0	0	0	0	17		4	2	5	0	0
小麦	千克	500	2.0		1	0	0	0	0	0	17		1	7	0	0	0
合计				¥	3	5	0	0	0	0		¥	5	9	5	0	0
价税合计（大写）	零万 肆 仟 零佰 玖拾 伍元 零角 零分　　¥4 095.00																

销货单位				
销货单位	名　　称	兴兴食品厂	纳税人登记号	440003210809
	地址、电话	重庆市渝中区邹容路 70 号 8235674	开户银行及账号	中国工商银行重庆渝中支行 50023

收款人：张光　　　　开票单位：兴兴食品厂

会计分录：

借：银行存款　　4 095

　　贷：主营业务收入——大米　　2 500

　　　　　　　　　——小麦　　1 000

　　　　应交税费——应交增值税（销项税额）　　595

2.【答案】

付 款 凭 证

贷方科目：银行存款　　　　2017 年　4 月　05 日　　　　银付字 001 号

摘要	借方科目		金额									记账✓
	总账科目	明细科目	百	十	万	千	百	十	元	角	分	
购小麦粉，款已付	在途物资	小麦粉		1	1	6	4	0	0	0	0	
	应交税费	应交增值税（进项税额）			1	9	7	8	8	0	0	
附件 2 张	合计		¥	1	3	6	1	8	8	0	0	

会计主管：　　记账：　　出纳：　　审核：　　制证：

会计分录：

借：在途物资——小麦　　116 400

　　应交税费——应交增值税（进项税额）　　19 788

　　贷：银行存款　　136 188

3.【答案】

收 款 凭 证

借方科目：银行存款　　　　2017 年　4 月　10 日　　　　银收字 001 号

摘要	贷方科目		金额								记账✓
	总账科目	明细科目	十	万	千	百	十	元	角	分	
销售产品，款已收	主营业务收入	甲产品			6	5	0	0	0	0	
	应交税费	应交增值税（销项税额）			1	1	0	5	0	0	
附件 3 张	合计			¥	7	6	0	5	0	0	

会计主管：　　记账：　　出纳：　　审核：　　制证：

会计分录：

借：银行存款　　7 605

　　贷：主营业务收入——小麦　　6 500

　　　　应交税费——应交增值税（销项税额）　　1 105

4.【答案】

转账凭证

2017 年 4 月 30 日　　　　转字 001 号

摘要	会计科目		借方金额								贷方金额								记账✓
	总账科目	明细科目	十	万	千	百	十	元	角	分	十	万	千	百	十	元	角	分	
分配工资	生产成本	甲产品		1	5	0	0	0	0	0									
		乙产品		1	6	0	0	0	0	0									
	制造费用				5	0	0	0	0	0									
	管理费用				4	0	0	0	0	0									
	应付职工薪酬	工资										4	0	0	0	0	0	0	
附件 1 张	合计		¥	4	0	0	0	0	0	0	¥	4	0	0	0	0	0		

会计主管：　　记账：　　出纳：　　审核：　　制证：

会计分录：

借：生产成本——甲产品　　15 000

　　　　　　——乙产品　　16 000

　　制造费用　　5 000

　　管理费用　　4 000

　　贷：应付职工薪酬——工资　　40 000

复习测试题（二）

一、单项选择题

1.【答案】B

【解析】这是原始凭证按填制手续和方法的不同进行的分类。

2.【答案】D

【解析】差旅费报销单属于汇总原始凭证。限额领料单属于累计原始凭证，增值税专用发票和工资结算单属于一次凭证。

3.【答案】D

【解析】《会计基础工作规范》第四十八条第六款规定：“职工公出借款凭据，必须附在记账凭证之后。收回借款时，应当另开收据或者退还借据副本，不得退还原借款收据。”

4.【答案】D

【解析】原始凭证是在交易、事项发生或完成时取得或填制的，用以记录或证明交易、事项的发生或完成情况的文字凭据。因此，凡是不能证明经济业务已经发生或完成的各种单据，均不能成为会计核算的原始证据更不会是记账凭证，如购货或销售合同、请购单、对账单等。

5.【答案】B

【解析】记账凭证左上方填写科目的只有收款凭证、付款凭证，转账凭证是平行填写，而左上方填写借方科目的凭证只有收款凭证了。

6.【答案】D

【解析】记账凭证的附件既包括所有与业务相关的自制原始凭证，也包括所有的外来原始凭证。

7.【答案】D

【解析】期末结转损益的记账凭证编制的依据是各损益类账户的账面发生额，可以不附原始凭证：更正错账的记账凭证只需在摘要中注明“更正××号凭证”，也可以不附原始凭证。除此之外，其他的记账凭证都必须附有原始凭证。

8.【答案】A

【解析】填制记账凭证时发生错误，应当重新填制记账凭证。

9.【答案】D

【解析】原始凭证及原始凭证汇总表是填制记账凭证的直接依据，记账凭证是登记账簿的直接依据，因此原始凭证及原始凭证汇总表是登记账簿的间接依据。经济业务合同不属于任何凭证。

10.【答案】C

【解析】略

11.【答案】A

【解析】此题涉及的会计分录为

借：应收账款

银行存款

贷：主营业务收入

应交税费——应交增值税（销项税额）

将此会计分录拆分为两个简单的会计分录，则可以编制一张银行存款收款凭证和一张转账凭证。

12.【答案】D

【解析】月为壹、贰和壹拾的，日为壹至玖和壹拾、贰拾、叁拾的，应当在其前面加零；日为拾壹至拾玖的应当在其前面加壹。

二、多项选择题

1.【答案】ABCD

【解析】自制原始凭证，又简称自制凭证，是指由本单位内部经办业务的部门或个人（包括财务部门本身）在执行或完成某项经济业务时所填制的原始凭证，如材料验收单、产品入库验收单、销售发货票、发出材料汇总表、领料单、借支单、工资费用结算单、制造费用分配表等。虽然销售发票是由税务机关统一印制的，不是企业自己制作的，但增值税一般纳税人销售货物，开具增值税专用发票（记账联），是会计确认销售收入和增值税销项税额重要的自制原始凭证。对购买货物单位来说是外来原始凭证（发票联和抵扣联）。

2.【答案】BCDE

【解析】原始凭证的基本内容有原始凭证名称、填制原始凭证的日期、接受原始凭证的单位名称、交易或事项的内容（含数量、单价、金额等）、填制单位签章、有关人员签章、凭证附件。

3.【答案】ABCDE

【解析】原始凭证的审核的内容包括真实性、完整性、正确性、合法性、合理性、及时性。

4.【答案】ACDE

【解析】属于记账凭证应具备的基本内容的有填制单位的名称，记账凭证的名称，填制凭证的日期，凭证编号，经济业务内容摘要，会计科目名称、金额，所附原始凭证张数，填制凭证人员、稽核人员、记账人员、会计机构负责人、会计主管人员签名或者盖章。

5.【答案】ABD

【解析】收款凭证、付款凭证必须由出纳人员签字或盖章。

6.【答案】BC

【解析】会计凭证封面应注明的内容有单位名称、凭证种类、凭证张数、凭证起止号数、年度、月份、会计主管人员、凭证装订人员等事项，会计主管人员和凭证装订人员应在装订好的记账凭证的封面上加盖印章。

7.【答案】ABC

【解析】会计凭证的传递程序和传递时间应考虑经济业务特点、企业内部机构的设置、人员分工情况及管理上的需要，具体规定各种凭证的传递程序。

8.【答案】ADE

【解析】汇总原始凭证是指对一定时期内反映经济业务内容相同的若干张原始凭证，按照一定的标准整理编制、汇总完成的一种原始凭证。常用的汇总原始凭证有发出材料汇总表、工资结算汇总表、差旅费报销单等。差旅费报销单下附车、船票及住宿费票据等，差旅报销单是这些原始票据（凭证）的汇总整理的封面，所以是“汇总原始凭证”。工资结算汇总表是为了会计人员编写以便进行工资结算的汇总原始凭证。

9.【答案】BD

【解析】付款凭证是指涉及现金和银行存款付款业务的凭证，因此付款凭证左上角的“贷方科目”只能是库存现金和银行存款。

10.【答案】ACDE

【解析】会计科目与账户是既有联系又有区别的，选项 A、C、D 是二者的联系，选项 E 是二者的区别。

三、判断题

1.【答案】√

【解析】根据《会计法》规定：任何会计凭证都必须经过有关人员的严格审核，经确认无误后，才能作为记账的依据。

2.【答案】√

【解析】原始凭证是在交易、事项发生或完成时取得或填制的，用以记录或证明交易、事项的发生或完成情况的文字凭据。原始凭证按取得的来源渠道分为外来原始凭证和自制原始凭证。二者在填制记账凭证的作用方面效力是一样的。

3.【答案】√

【解析】取得、填制和审核会计凭证，是会计核算的基本方法之一，也是会计核算工作的起点。

4.【答案】×

【解析】自制原始凭证是指由本单位有关部门和人员，在执行或完成某项经济业务时填制的，仅供本单位内部使用的原始凭证。

5.【答案】×

【解析】根据规定，原始凭证金额有错误的，应当由出具单位重开，不得在原始凭证上更正。

6.【答案】×

【解析】期末结转损益的记账凭证编制的依据是各损益类账户的账面发生额，可以不附原始凭证：更正错账的记账凭证只需在摘要中注明“更正××号凭证”，也可以不附原始凭证。除此之外，其他的记账凭证必须附有原始凭证。

7.【答案】×

【解析】填制会计凭证时，可以同时填写会计科目全称和会计科目编号，也可以只填写会计科目全称，不填写会计科目编号。但不能只填写会计科目编号，不填写会计科目全称。

8.【答案】√

【解析】一般发票和收据上有“存根联”“客户联”“记账联”。其中，存根联是保留下来，留着备查；客户联是留给客户，用于客户报销、记账等用途；记账联是开票方留下来记账用。一式几联的发票和收据，必须用双面复写纸套写，并连续编号。作废时应当加盖“作废”戳记，连同存根一起保存，不得撕毁，留待备查，以避免虚开发票。

9.【答案】×

【解析】从外单位取得的原始凭证遗失时，应取得原签发单位盖有公章的证明，并注明原始凭证的号码、金额、内容等，由经办单位会计机构负责人和单位负责人批准后，才能代作原始凭证。若确实无法取得证明的，则应由当事人写明详细情况，由经办单位会计机构负责人和单位负责人批准后，代作原始凭证。

10.【答案】×

【解析】会计凭证的传递，是指各种会计凭证从填制、取得到归档保管为止，在单位内部有关部门及人员之间的传递程序。

11.【答案】×

【解析】会计凭证的“过账”栏内打“√”并不是表示已审核完毕，而是表示已记账，这样能避免重记或漏记，以免在总账与明细账的核对过程中不平而带来麻烦。记账凭证下面审核的位置处签字或者盖章才表示已审核完毕。

12.【答案】√

【解析】转账凭证是根据转账业务（即不涉及现金和银行存款收付的各项业务）的原始凭证或汇总原始凭证填制的记账凭证，是登记有关明细账与总分类账的依据。

13.【答案】×

【解析】原始凭证是在交易、事项发生或完成时取得或填制的，用以记录或证明交易、事项的发生或完成情况的文字凭据。原始凭证按取得的来源渠道分为外来原始凭证和自制原始凭证。

四、综合题

1.【答案】

北京增值税发票（发票联）

开票日期：2017 年 3 月 22 日　　　　No.××××××

购货单位				
购货单位	名称	北京创业有限公司	纳 税 人 登 记 号	366431284500736
	地址、电话	北京市通州区红旗北路 216 号 67114510	开户银行及账号	中国农业银行通州分行 21027660222

商品或劳务名称	计量单位	数量	单价	金额								税率	税额						
				十	万	千	百	十	元	角	分	%	万	千	百	十	元	角	分
联想计算机	台	20	6 000		1	2	0	0	0	0	0	17		2	0	4	0	0	0
合计				¥	1	2	0	0	0	0	0		¥	2	0	4	0	0	0
价税合计（大写）		○十 壹万 肆仟零佰 肆拾 零元 零角零分　¥14 040.00																	

销货单位				
销货单位	名称	北京腾飞实业有限公司	纳 税 人 登 记 号	369330279586402
	地址、电话	北京市通州区第六大街 118 号 67114408	开户银行及账号	中国工商银行通州分行 28736946999

收款人：刘实　　　　开票单位：北京腾飞实业有限公司

会计分录：

借：银行存款　　14 040

　　贷：主营业务收入——计算机　　12 000

　　　　应交税费——应交增值税（销项税额）　　2 040

2.【答案】

借　款　单

2017 年 3 月 23 日　　　　No.08517

借款单位：采购部		
借款理由：外出采购商品		
借款数额：人民币（大写）柒仟伍佰元整 ¥7 500.00		
本单位负责人意见：	借款人：王刚	
会计主管核批：	付款方式：	出纳：

付 款 凭 证

贷方科目：库存现金　　　　2017 年 3 月 23 日　　　　现付字第 015 号

摘要	借方总账科目	明细科目	记账√	金额									
				千	百	十	万	千	百	十	元	角	分
预借差旅费	其他应收款	王刚						7	5	0	0	0	0
合计							¥	7	5	0	0	0	0

附单据 1 张

财务主管：　　记账：　　出纳：　　审核：　　制单：

会计分录：

借：其他应收款——王刚　　7 500

　　贷：库存现金　　7 500

3.【答案】

收 款 凭 证

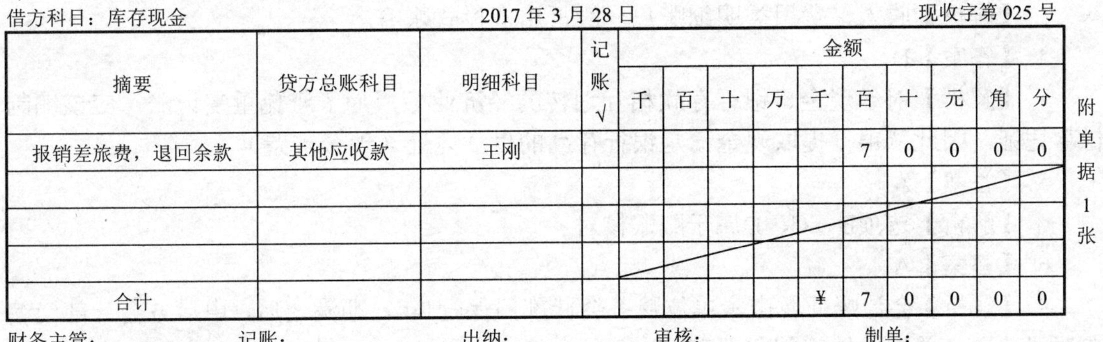

借方科目：库存现金　　　　2017 年 3 月 28 日　　　　现收字第 025 号

摘要	贷方总账科目	明细科目	记账√	金额									
				千	百	十	万	千	百	十	元	角	分
报销差旅费，退回余款	其他应收款	王刚							7	0	0	0	0
合计								¥	7	0	0	0	0

附单据 1 张

财务主管：　　记账：　　出纳：　　审核：　　制单：

会计分录：

借：库存现金　　700

　　贷：其他应收款——王刚　　700

转 账 凭 证

2017 年 3 月 28 日　　　　转字第 020 号

摘要	总账科目	明细科目	记账√	借方金额										记账√	贷方金额									
				千	百	十	万	千	百	十	元	角	分		千	百	十	万	千	百	十	元	角	分
采购部报销差旅费	管理费用	差旅费						6	8	0	0	0	0											
	其他应收款	王刚																	6	8	0	0	0	0
合计							¥	6	8	0	0	0	0					¥	6	8	0	0	0	0

附单据 1 张

财务主管：　　记账：　　出纳：　　审核：　　制单：

会计分录：

借：管理费用　　6 800

　贷：其他应收款——王刚　　6 800

第五章　会 计 账 簿

复习测试题（一）

一、单项选择题

1.【答案】B

【解析】会计人员应当依据经审核无误的会计凭证登记会计账簿。

2.【答案】A

【解析】会计账簿应按账簿的用途划分为序时账簿、分类账簿和备查账簿。

3.【答案】B

【解析】收入、费用类明细账户一般采用多栏式账簿。

4.【答案】D

【解析】对于现金、银行存款相互划转的经济业务，为了避免重复记账，应该编制付款凭证，因此从银行提取现金，是银行存款的付款凭证（现金支票）。

5.【答案】A

【解析】选项B、C、D属于账账核对。

6.【答案】A

【解析】会计账簿暂由本单位财务会计部门保管1年，期满之后，由财务会计部门编造清册移交本单位的档案部门保管。

7.【答案】C

【解析】订本式账簿，简称订本账，是在启用前将编有顺序页码的一定数量账页装订成册的账簿。这种账簿一般适用于重要的和具有统驭性的总分类账、现金日记账和银行存款日记账。

8.【答案】A

【解析】对账就是核对账目，是指在会计核算中，为保证账簿记录正确可靠，对账簿中的有关数据进行检查和核对的工作。

9.【答案】C

【解析】新的会计年度开始，一般总账、日记账和明细账都需更换账簿，变动小的部分明细账，如固定资产明细账或固定资产卡片及备查账簿，可以连续使用，故选C。

10.【答案】B

【解析】记账凭证编制正确，只是登记账簿时由于记账人员的疏忽而造成的记账错误，应采用划线更正法，正确的改正方法是，在错误的文字或数据上划一条红线，在红线的上方写正确的文字或数字，并且由记账及相关人员在更正处盖章。

11.【答案】A

【解析】记账凭证中使用的应借、应贷会计科目正确，只是所记金额小于应记金额，并已登记入账，应采用补充登记法予以更正。

12.【答案】C

【解析】经营租赁的固定资产因为实质上不由本单位控制，所以不符合资产的定义，不能计入资产负债表之中，只能在备查账簿中登记。

13.【答案】B

【解析】按照账簿书写的基本要求，账簿中书写的文字和数字一般应占格距的1/2。

14.【答案】C

【解析】出纳人员每天工作结束前都要将库存现金日记账结清并与库存现金实存数核对属于账实核对，现金是企业流动性最强的资产，因此要做到日清日结，每天都要进行核对。

15.【答案】A

【解析】订本式账簿就是在启用之前就已将账页装订在一起，并对账页进行了连续编号的账簿，以防止抽换和散失。

16.【答案】C

【解析】对某些在日记账簿和分类账簿等主要账簿中都不予登记或登记不够详细的经济业务事项进行补充登记使用的账簿称为备查账簿。

17.【答案】D

【解析】设置和登记会计账簿是编制财务报表的基础，且是连接会计凭证和财务报表的中间环节。

18.【答案】D

【解析】账簿按外表形式不同，可分为订本账、活页账和卡片账。

19.【答案】C

【解析】除二法适用于反方（即记账方向记反）的错账查找。

20.【答案】A

【解析】总分类账簿一般应采用三栏式账簿。

二、多项选择题

1.【答案】ABC

【解析】对账的内容一般包括账证核对、账账核对和账实核对。

2.【答案】ADE

【解析】选项A、D、E只反映金额指标，选项B、C既反映数量指标，又反映金额指标。

3.【答案】ABD

【解析】会计账簿按经济用途的不同，可以分为序时账簿、分类账簿、备查账簿，而选项C是按账簿格式不同划分的，选项E是按账簿的外表形式不同划分的。

4.【答案】AC

【解析】一般收入、费用类明细账户一般采用多栏式账簿，债权、债务明细账一般采用三栏式账簿。

5.【答案】ACD

【解析】会计账簿的基本内容有封面、扉页和账页三个部分。

6.【答案】CDE

【解析】记账时应使用蓝黑墨水笔或者碳素墨水笔书写，不得使用圆珠笔（银行的复写账簿除外）或者铅笔书写，蜡笔也不符合账簿书写的基本要求。

7.【答案】ABCDE

【解析】登记账簿必须使用蓝黑墨水笔或者碳素墨水笔书写，不得使用圆珠笔（银行的复写账簿除外）或者铅笔书写。红色墨水笔必须按照规定使用，如划线、改错，或用红色墨水笔填写红字凭证冲销错误记录；在不设借贷等栏的多栏式账页中，登记减少数；在三栏式账户的余额栏前，如未印明余额方向的，在余额栏内登记负数余额；根据国家统一的会计制度的规定可以用红字登记的其他会计记录。

8.【答案】AB

【解析】选项C、E应采用三栏式，选项D固定资产明细账应采用卡片式。

9.【答案】CD

【解析】选项A、B、E属于账实核对。

10.【答案】ABCDE

【解析】在日常的会计核算中，可能发生各种各样的差错，产生错账，如重记、漏记、数字颠倒、数字错位、数字记错、账户记错、借贷方向记反等。

三、判断题

1.【答案】√

【解析】订本式账簿，简称订本账，是在启用前将编有顺序页码的一定数量账页装订成册的账簿，一般适用于重要的和具有统驭性的总分类账、现金日记账和银行存款日记账。

2.【答案】√

【解析】红字更正法用于记账凭证错误，导致账簿登记错误时，分为以下两种情况：①记账凭证科目错误（包括科目写错、借贷方向写反），不管金额正确与否，都必须用红字更正法；②记账凭证科目正确，金额写大，采用红字更正法，将多写的金额冲销掉。

3.【答案】√

【解析】分类账包括总分类账和明细分类账，其中总分类账是根据总分类科目开设账户，用来登记全部经济业务，进行总分类核算，提供总括核算资料的分类账簿。总分类账所提供的核算资料，是控制明细分类账和编制会计报表的主要依据，因此任何企业都应设置分类账。

4.【答案】√

【解析】总分类账所提供的总括核算资料，为了保证资料的系统性和连续性，按规定应采用订本式账簿。

5.【答案】×

【解析】记账以后，发现记账凭证和账簿记录中应借应贷的会计科目无误，只是金额有错误，且所错记的金额小于应记的正确金额，可采用补充登记法更正。

6.【答案】√

【解析】为保持账簿记录的持久性，防止涂改，记账时必须使用蓝黑墨水笔或碳素墨水笔，并用钢笔书写，不得使用铅笔或圆珠笔书写。

7.【答案】√

【解析】会计凭证是登记账簿的依据，会计账簿是编制会计报表的基础，因此连接会计凭证与会计报表的中间环节，在会计核算中具有承前启后的作用。

8.【答案】×

【解析】多栏式明细账适用于收入、成本、费用类账户的明细账，而资产类账户适用比较广。例如，债权、债务明细账一般采用三栏式，原材料、库存商品等明细账一般采用数量金额式，不能一概而论。

9.【答案】×

【解析】一旦记账凭证错误而造成的账簿记录错误，根据不同的情况，应采用红字更正法或补充登记法更正。

10.【答案】×

【解析】使用划线更正法时，个别数字错误必须将全部数字用红笔划掉而不能只划掉其中的错误数字。

11.【答案】×

【解析】记账凭证中会计账户、记账方向正确，但所记金额大于应记金额而导致账簿登记金额增加的情况，应采用红字更正法进行更正。

12.【答案】√

【解析】明细分类账的登记方法：不同类型经济业务的明细分类账可根据管理需要，依据记账凭证、原始凭证或汇总原始凭证逐日逐笔或定期汇总登记。固定资产、债权、债务等明细账应逐日逐笔登记；库存商品、原材料、产成品收发明细账及收入、费用明细账可以逐笔登记，也可定期汇总登记。

13.【答案】√

【解析】明细分类账是根据二级账户或明细账户开设账页，分类、连续地登记经济业务以提供明细核算资料的账簿。明细分类账的登记通常有以下方法：①根据原始凭证直接登记明细分类账；②根据汇总原始凭证登记明细分类账；③根据记账凭证登记明细分类账。

14.【答案】×

【解析】对账就是核对账目，是指在会计核算中，为保证账簿记录正确可靠，对账簿中的有关数据进行检查和核对的工作。

15.【答案】√

【解析】账簿和账户的关系是形式和内容的关系，账簿是外在形式，账户才是它的真实内容。

16.【答案】×

【解析】账簿中书写的文字和数字上面要留有适当的空格，不要写满格，一般应占格距的1/2。登记账簿必须使用蓝黑墨水笔或碳素墨水笔书写，不得使用圆珠笔（银行的复写账簿除外）或者铅笔书写。

17.【答案】√

【解析】备查账簿的格式企业可根据需要自行设计。

18.【答案】√

【解析】各单位必须设置现金日记账和银行存款日记账。

19.【答案】√

【解析】题面即序时账簿的概念。

20.【答案】√

【解析】对于只设有贷方的多栏式明细账，平时在贷方登记“主营业务收入”“营业外收入”等账户的发生额，借方登记月末将贷方发生额一次转出的数额，所以平时如果发生借方发生额，应该用红字在多栏式账页的贷方中登记表示冲减。

四、业务分析题

【答案】

（1）记账凭证科目错误，应采用红字更正法。

第一步：用红字金额填制与原记账凭证内容相同的记账凭证，并据以登记入账。

借：库存商品　　100 000

　　贷：应付账款　　100 000

第二步：用蓝字金额填写一张正确的记账凭证，并据以登记入账。

借：原材料　　100 000

　　贷：应付账款　　100 000

（2）记账凭证科目正确，只是所记金额大于应记金额，应采用红字更正法。

将多记金额用红字金额填写一张与原记账凭证会计科目、方向相同的记账凭证，并据以登记入账。

借：原材料　　900 000

　　贷：应付账款　　900 000

（3）记账凭证科目正确，只是所记金额小于应记金额，应采用补充登记法。

将少记金额用蓝字金额填写一张与原记账凭证会计科目、方向相同的记账凭证，并据以登记入账。

借：原材料　　90 000

　　贷：应付账款　　90 000

（4）记账凭证正确，只是记账时金额发生错误，应采用划线更正法。

直接在错误的数字“10 000”上面划一条红线，在上方填写正确的数字“100 000”，并由记账及相关人员在更正处盖章，以明确责任。

复习测试题（二）

一、单项选择题

1.【答案】B

【解析】多栏式明细账适用于成本费用类科目的明细核算，选项B属于成本类科目。成本类科目包括制造费用、生产成本和劳务成本等。选项A和选项D适合采用数量金额式，选项C适合采用三栏式。

2.【答案】B

【解析】选项A和选项C应该使用红字更正法，选项D应该使用补充登记法。

3.【答案】B

【解析】登记账簿必须使用蓝黑墨水或者碳素墨水并用钢笔书写，不得使用圆珠笔（银行的复写账簿除外）或者铅笔书写。

4.【答案】C

【解析】多栏式账簿一般适用于成本、费用类的明细账，选项C应该采用多栏式账簿。

5.【答案】C

【解析】账账核对的内容主要包括四方面：①总账有关账户的余额核对；②总账与所属明细账的核对；③总账与日记账的核对；④明细账之间的核对。

6.【答案】D

【解析】活页式账簿一般用于各类明细分类账，但固定资产明细账一般采用卡片式账簿。

7.【答案】D

【解析】年终结账时，要在总账摘要栏内注明“本年合计”字样，结出全年发生额和年末余额，然后在此行下面画两条通栏红线，表示全年经济业务的登账工作至此全部结束。

8.【答案】B

【解析】在账簿的两个基本栏目借方和贷方按需要分设若干专栏的账簿称为多栏式账簿。

9.【答案】D

【解析】在登记账簿过程中，每一账页的最后一行及下一页第一行都要办理转页手续的目的是保证账簿记录连续进行，相互衔接。

10.【答案】D

【解析】会计账簿的更换通常在新会计年度建账时进行，总分类账、日记账和多数明细账应每年更换一次。变动较小的明细账可以连续使用，不必每年更换。备查账簿可以连续使用。

11.【答案】A

【解析】分类账簿是对各项经济业务按它所涉及的经济业务的性质进行分类登记的账簿。只有通过分类账簿，才能把数据按照账户形成不同信息，满足编制会计报表的需要。

12.【答案】C

【解析】会计凭证会计科目、方向无误，金额大于正确金额时的改错应采用红字冲销法，用红笔填写一张与原会计凭证会计科目、方向完全相同，金额为 180 元的记账凭证，并据此登记入账。

13.【答案】D

【解析】备查账簿是辅助性账簿，依据其他资料直接进行登记，是一种一般情况下不需要根据记账凭证登记的账簿。

14.【答案】D

【解析】总分类账是按照总分类账户分类登记以提供总括信息的账簿。

15.【答案】D

【解析】各种明细分类账一般采用活页账簿形式。

16.【答案】D

【解析】记账凭证无误，只能用划线更正法，故选项 A 错误；记账凭证上金额多记导致的账簿记录错误，应该采用红字更正法，故选项 B 错误；用错科目只能用红字更正法，故选项 C 错误。

17.【答案】D

【解析】“其他应收款”账户为了追踪其来龙去脉，一般应采用横线登记式账簿。

18.【答案】B

【解析】为明确会计人员责任，登记某种账簿的人员，应对该账簿的保管负责。

19.【答案】D

【解析】总账保管年限为 25 年。

20.【答案】C

【解析】本题应该采用红字更正法，方法是用红字填制一张与原记账凭证完全相同的记账凭证，以示注销原记账凭证，然后用蓝字填写一张正确的记账凭证，并据以记账。企业职工预借差旅费，通过其他应收款核算。

借：其他应收款　　1 000

　贷：库存现金　　1 000

二、多项选择题

1.【答案】AD

【解析】登记在现金日记账借方的经济业务，主要是现金收款凭证，但还有一个比较特殊的经济业务，就是对于从银行提取现金的业务，按照规定只能编制银行存款付款凭证，此时应该根据银行存款付款凭证登记现金日记账的借方，故选A、D项。

2.【答案】ABC

【解析】总分类账登记的依据和方法主要取决于所采用的账务处理程序，它可以根据记账凭证逐笔登记，也可以通过一定的汇总方式，先把各种记账凭证汇总编制成科目汇总表或汇总记账凭证，再据以登记。

3.【答案】ABDE

【解析】选项C生产成本明细账一般应采用多栏式格式，其他选项均正确。

4.【答案】ACD

【解析】不同类型经济业务的明细分类账可根据管理需要，依据记账凭证、原始凭证或汇总原始凭证逐日逐笔登记或定期登记。登记总分类账的依据有科目汇总表、记账凭证或汇总记账凭证。选项B、E属于登记总分类账的依据。

5.【答案】ABCDE

【解析】账证核对是指核对会计账簿记录与原始凭证、记账凭证的时间、凭证字号、内容、金额是否一致，记账方向是否相符。

6.【答案】ACDE

【解析】选项B属于账账核对，其他选项均正确。

7.【答案】ABCD

【解析】查找错账的方法包括差数法、尾数法、除二法和除九法。

8.【答案】AB

【解析】根据钱、账分管的内部牵制原则，现金日记账和银行存款日记账应由专职的出纳人员登记和保管，但出纳人员不得负责登记除现金日记账和银行存款日记账以外的任何账簿。现金日记账和银行存款日记账，还应定期与会计人员登记的现金总账和银行存款总账核对相符。

9.【答案】CD

【解析】现金日记账由出纳人员根据同库存现金收付有关的记账凭证，按时间顺序逐日逐笔进行登记。银行存款日记账通常也是由出纳人员根据审核后的银行存款收款凭证、付款凭证，逐日逐笔按照经济业务发生的先后顺序进行登记。现金总账和银行存款总账是在月终，全部经济业务登记入账后，结出本期发生额和期末余额。

10.【答案】BCE

【解析】结账的程序：将本期发生的经济业务事项全部登记入账，并保证其正确性；根据权责发生制的要求，调整有关账项，合理确定本期应计的收入和应计的费用；将损益类科目转入“本年利润”科目，结平所有损益类科目；结出资产、负债和所有者权益科目的本期发生额和余额，并按规定在账簿上办理结账手续。

三、判断题

1.【答案】×

【解析】会计账簿是指由一定格式账页组成的，以经过审核无误的会计凭证为依据，全面、系统、连续地记录各项经济业务的簿籍，这里要注意不是所有的会计凭证都成为登记账簿的依据，必须是经过审核无误的会计凭证。

2.【答案】×

【解析】在登记账簿时，如果发生隔页、跳行，可在空页、空行处用红色墨水笔画对角线注销，不可用蓝色笔。

3.【答案】×

【解析】会计账簿的更换通常在新会计年度建账时进行，总账、日记账和多数明细账应每年更换一次。变动较小的明细账可以连续使用，不必每年更换。备查账簿可以连续使用。

4.【答案】×

【解析】如果发生隔页、跳行，应在空页、空行处用红色墨水笔画对角线注销，或者注明“此页空白”或“此行空白”字样，并由记账人员签名或者盖章。

5.【答案】×

【解析】会计凭证的会计科目错误所采用的更正方法应该是红字更正法而不是划线更正法。

6.【答案】×

【解析】期末对账除了账证核对，还包括账账核对和账实核对。

7.【答案】×

【解析】按照规定，总分类账、现金日记账和银行存款日记账必须采用订本账，各种明细分类账一般采用活页账形式。

8.【答案】×

【解析】结账时，没有余额的账户，应当在“借或贷”栏内用“平”表示，并在余额栏内的“元”位上用“0”表示。

9.【答案】×

【解析】多栏式账簿一般适用于成本、费用类的明细账，本题应该采用三栏式明细分类账。

10.【答案】√

【解析】对需要结计本年累计发生额的账户，结计“过次页”的本页合计数应为年初起至本页末止的累计数。

11.【答案】√

【解析】对于应收账款、应付账款、实收资本等三栏式账户适用于金额核算的明细账，如是出现负数的话，就用红字表示。

12.【答案】√

【解析】账簿记录正确，只能说明记账是正确的，但并不一定保证账实相符，要做到账实相符，还要进一步进行账实核对。

13.【答案】√

【解析】启用账簿时，应当在账簿封面上写明单位名称和账簿名称，并账簿扉页上附启用表。

14.【答案】×

【解析】活页账簿的优点是使用中不用装订成册，比较灵活，平时在使用过程中把账页存放在活页账夹内，可以随时取放，待年终才装订成册；但不可以随意抽换账页。

15.【答案】√

【解析】题面是总分类账和明细分类账的平行登记的方法。

16.【答案】×

【解析】如果账簿记录发生错误，必须按照规定的方法予以更正，不准涂改、挖补、刮擦或用药水消除字迹，不准重新抄写。

17.【答案】×

【解析】采用划线更正法，对于文字错误，可只划去错误的部分。

18.【答案】×

【解析】年度终了，会计账簿暂由本单位财务会计部门保管一年，期满之后，由财务会计部门编造清册移交本单位的档案部门保管。

19.【答案】√

【解析】年终结账时，有余额的账户，应将其余额结转下年，并在“摘要”栏注明“结转下年”字样，不用编制记账凭证。

20.【答案】×

【解析】导致试算不平衡的原因有可能是计算有误。

四、业务分析题

【答案】

1. 该账簿记录错误是由于记账凭证科目错误引起，应采用红字更正法更正，具体如下。

首先，用红字金额填制与原记账凭证内容相同的记账凭证，并据以登记入账。

借：库存商品　　150 000

　　贷：制造费用　　150 000

其次，用蓝字金额填写一张正确的记账凭证，并据以登记入账。

借：库存商品　150 000

　　贷：生产成本　150 000

2．该账簿记录错误是由于记账凭证所记金额小于应记金额引起，科目是正确的，采用补充登记法更正，具体如下：将少记金额用蓝字金额填写一张记账凭证，并据以登记入账。

借：生产成本　18 000

　　贷：原材料　18 000

3．该账簿记录错误是由于记账凭证所记金额大于应记金额引起，科目是正确的，采用红字更正法更正，具体如下：将多记金额用红字金额填写一张记账凭证，并据以登记入账。

借：销售费用　9 000

　　贷：银行存款　9 000

4．该账簿记录错误是由于记账凭证科目错误引起，应采用红字更正法更正，具体如下。首先，用红字金额填制与原记账凭证内容相同的记账凭证，并据以登记入账。

借：应收账款　10 000

　　贷：银行存款　10 000

其次，用蓝字金额填写一张正确的记账凭证，并据以登记入账。

借：应付账款　10 000

　　贷：银行存款　10 000

第六章　主要经济业务的核算

复习测试题（一）

一、单项选择题

1．【答案】D

【解析】制造费用属于成本类科目，其余选项均属于损益类科目。

2．【答案】D

【解析】管理费用属于损益类科目，不能计入产品成本。

3．【答案】C

【解析】所有者权益包括实收资本、资本公积、盈余公积、未分配利润。

4．【答案】A

【解析】通常预借差旅费时，借记“其他应收款”账户，贷记“库存现金”账户；出差人员报销差旅费时，则借记“管理费用”账户，贷记“其他应收款”账户。

5．【答案】B

【解析】“生产成本”“制造费用”账户属于成本类账户。

6．【答案】C

【解析】“累计折旧”账户属于资产类账户，但是其增加时记贷方，属于固定资产的备抵科目。

7.【答案】D

【解析】本题考核存货的核算范围，固定资产不属于存货。

8.【答案】A

【解析】短期借款利息记入“财务费用”账户、捐赠支出记入“营业外支出”账户、广告费记入“销售费用”账户。

9.【答案】A

【解析】“实收资本”账户贷方登记实际收到的投资额，即双方约定的价格。

10.【答案】B

【解析】略

11.【答案】C

【解析】生产产品领用的材料通过“生产成本”账户核算，车间一般耗用领用材料通过“制造费用”账户核算，行政管理部门领用材料通过“管理费用”账户核算。因此选项C的会计处理是正确的。

12.【答案】C

【解析】生产产品领用的材料记入“生产成本”账户、生产工人的工资记入“生产成本”账户、销售部门人员福利费记入“销售费用”账户。

二、多项选择题

1.【答案】AD

【解析】略

2.【答案】ABC

【解析】企业用于职工福利方面的耗费，借记“生产成本”“制造费用”“管理费用”账户，贷记“应付职工薪酬——职工福利”账户。

3.【答案】CD

【解析】以银行存款注销等额注册资本时，借记“实收资本”账户，贷记“银行存款”账户。

4.【答案】ABCE

【解析】财务费用是指企业为筹集生产经营所需资金等而发生的筹资费用，包括利息支出（减利息收入）、汇兑损益及相关的手续费、企业发生的现金折扣等。该题中属于财务人员的薪酬，应记入“管理费用”账户。

5.【答案】ABCE

【解析】费用包括成本费用和期间费用，成本费用包括主营业务成本、其他业务成本和主营业务税金及附加，主营业务成本和其他业务成本又称为营业成本。生产成本、制造费用属于成本，营业外支出是与日常活动无关的各项损失，所以本题选A、B、C、E项。

6.【答案】BD

【解析】企业用银行存款偿还短期借款，银行存款和短期借款同时减少，属于资产和负债同时减少的情况。

7.【答案】ACD

【解析】领用材料可能与生产产品有关，则应按一定的对象归集形成产品成本；也有可能与生产产品无关，在发生当期直接作为费用。

8.【答案】AD

【解析】工厂总部修理办公设施耗用的原材料应记入“管理费用”账户，车间固定资产的折旧费应记入“制造费用”账户，车间管理人员的工资应记入“制造费用”账户。

9.【答案】ADE

【解析】管理部门的水电费应记入“管理费用”账户，生产车间机器设备的修理费属于固定资产的后续支出应记入“管理费用”账户。

10.【答案】BD

【解析】债权是企业收取款项的权利，一般包括各种应收和预付款项等。

三、判断题

1.【答案】×

【解析】“制造费用”账户的贷方登记期末转入“生产成本”账户的成本。

2.【答案】×

【解析】产品销售成本=产品销售数量×单位成本。

3.【答案】√

【解析】生产车间使用固定资产计提的折旧要由产品成本负担，但一般又不能直接计入产品的成本。所以需要先记入“制造费用”账户。

4.【答案】√

【解析】完工产品成本=月初在产品成本+本月新发生的产品成本-月末在产品成本。

5.【答案】×

【解析】“制造费用”属于成本类账户。

6.【答案】×

【解析】不应记入“固定资产”账户的贷方，而应记入“累计折旧”账户的贷方。

7.【答案】√

【解析】略

8.【答案】√

【解析】固定资产是指同时具有以下特征的有形资产：第一，为生产商品、提供劳务、出租或经营管理而持有的；第二，使用年限超过一个会计年度。

9.【答案】√

【解析】略

10.【答案】×

【解析】“资本公积”账户的贷方余额表示资本公积的结余数。

11.【答案】×

【解析】公益救济性捐赠属于企业营业外支出。

12.【答案】×

【解析】企业出售无形资产取得的收益应计入营业外收入。

13.【答案】×

【解析】职工报销差旅费退回余额时，应借记“库存现金”账户，贷记“其他应收款”账户。

四、业务分析题

【答案】

会计分录	借方	贷方
（1）借：原材料——甲材料	60 400	
应交税费——应交增值税（进项税额）	12 000	
贷：银行存款		72 400
（2）借：固定资产	115 000	
贷：实收资本		115 000
（3）借：应付账款	23 400	
贷：银行存款		23 400
（4）借：银行存款	28 900	
贷：应收账款——红光公司		28 900
（5）借：制造费用	500	
管理费用	1 000	
贷：银行存款		1 500
（6）借：销售费用——广告费	20 000	
贷：银行存款		20 000
（7）借：银行存款	50 000	
贷：短期借款		50 000
（8）借：资本公积	120 000	
贷：实收资本——国家资本		70 000
——法人资本		50 000
（9）借：其他应收款——小刘	1 000	
贷：库存现金		1 000
（10）借：管理费用	510	
贷：其他应收款——刘某		500
库存现金		10
（11）借：销售费用——保险费	30 000	
贷：银行存款		30 000
（12）借：管理费用	13 000	
贷：银行存款		13 000
（13）借：营业外支出	50 000	
贷：银行存款		50 000
（14）借：银行存款	1 000	
贷：营业外收入		1 000

复习测试题（二）

一、单项选择题

1.【答案】C

【解析】采购物资支付的运杂费属于采购费用，计入材料物资成本。

2.【答案】B

【解析】制造费用属于成本类账户，不能转入“本年利润”账户。

3.【答案】D

【解析】公司办公费记入“管理费用”账户。

4.【答案】D

【解析】盈余公积是按当年净利润的一定比例提取的。

5.【答案】B

【解析】“本年利润”账户属于所有者权益类账户。

6.【答案】D

【解析】计提短期借款利息时，借记“财务费用”账户，贷记“应付利息”账户。

7.【答案】D

【解析】管理费用属于损益，不能计入产品成本。

8.【答案】B

【解析】结转的本期已售产品的生产成本为借记“主营业务成本”账户，贷记“库存商品”账户。

9.【答案】B

【解析】材料物资的采购成本包括买价和采购费用，采购费用包括运杂费、入库前的挑选整理费、运输途中的合理损耗、国外进口物资应负担的进口关税。

10.【答案】C

【解析】“本年利润”账户有贷方余额，表示本年从 1 月 1 日开始累计实现的利润。

11.【答案】B

【解析】企业应交纳的城市维护建设税和国家为发展教育事业而征收的教育费附加，是企业应负担的税费，应分别记入“税金及附加”账户的借方和“应交税费”账户的贷方。

12.【答案】A

【解析】“所得税费用”账户的贷方表示所得税费用减少，而“所得税费用”属于损益类账户，期末应转入“本年利润”账户。

二、多项选择题

1.【答案】ABCDE

【解析】企业销售商品收入增加引起资产增加或者负债减少。

2.【答案】ACD

【解析】略

3.【答案】ACDE

【解析】产品销售成本=产品销售数量×产品的单位生产成本。

4.【答案】ABC

【解析】产品生产成本包括直接材料、直接人工和制造费用。

5.【答案】ABCDE

【解析】材料物资的采购成本包括买价和采购费用，采购费用包括运杂费、入库前的挑选整理费、运输途中的合理损耗、国外进口物资应负担的进口关税。

6.【答案】ABCE

【解析】“销售费用”账户借方登记发生的是销售费用，而车间房屋的折旧费用属于制造费用。

7.【答案】AB

【解析】“本年利润”账户用来核算企业当期实现的净利润（或发生的净亏损）。

8.【答案】AC

【解析】“主营业务收入”账户核算企业确认的销售商品、提供劳务等主营业务的收入。

9.【答案】ACDE

【解析】选项A、C、D、E均属于损益类账户，期末全部转入“本年利润”账户，“生产成本”账户期末余额表示在产品生产成本。

10.【答案】ABCDE

【解析】选项 A、B、C、D 均属于营业外支出的范畴，选项 E 出售固定资产净损失属于非流动资产处置损失之一。

三、判断题

1.【答案】√

【解析】无法支付的应付账款应转入营业外收入处理。

2.【答案】√

【解析】提取盈余公积，借记“利润分配”账户，贷记“盈余公积”账户，从而引起未分配利润减少，盈余公积增加，在留存收益内部一增一减不会影响留存收益的变化；向股东分配利润，借记“利润分配”账户，贷记“应付股利”账户，从而引起未分配利润减少，负债增加，留存收益减少。

3.【答案】×

【解析】“投资收益”账户用来核算企业确认的投资收益或投资损失。

4.【答案】×

【解析】企业应交所得税等于企业应纳税所得额乘以所得税税率。

5.【答案】×

【解析】材料物资的采购成本包括材料的买价和采购费用。

6.【答案】√

【解析】结转企业销售材料成本，借记“其他业务成本”账户，贷记“原材料”账户。

7.【答案】×

【解析】“本年利润”账户余额可能在贷方，也可能在借方。

8.【答案】√

【解析】略

9.【答案】×

【解析】资本公积包括资本溢价，还有股本溢价、直接计入当期所有者权益的利得。

10.【答案】×

【解析】投资收益属于损益类账户。

11.【答案】√

【解析】材料物资的采购成本等于买价加采购费用。

12.【答案】√

【解析】盈余公积转增资本，引起盈余公积减少实收资本增加，所有者权益内部一增一减，所有者权益总额不变。

13.【答案】×

【解析】用银行存款支付投资者的现金股利，借记“应付股利”账户，贷记“银行存款”账户。

四、计算题

【答案】

营业利润=营业收入-营业成本-税金及附加-销售费用-管理费用
-财务费用+投资收益
=400 000+1 000-150 000-800-5 000-4 000-8 000-3 000+5 000
=235 200（元）

利润总额=营业利润+营业外收-营业外支出
=235 200+300-3000-100
=232 400（元）

由于没有调整项目，因此利润总额等于应纳税所得额。

应交所得税额=应纳税所得额×所得税税率
=232 400×25%
=58 100（元）

净利润=利润总额-所得税费用
=232 400-58 100
=174 300（元）

五、业务分析题

【答案】

		借方	贷方
（1）	借：税金及附加	2 210	
	贷：应交税费——应交城建税		1 547
	——应交教育费附加		663
（2）	借：主营业务成本——乙产品	44 000	
	贷：库存商品——乙产品		44 000
（3）	借：银行存款	30 000	
	贷：投资收益		30 000

（4）借：主营业务收入——甲产品 200 000

——乙产品 150 000

其他业务收入 10 000

投资收益 70 000

营业外收入 100 000

贷：本年利润 530 000

（5）借：银行存款 351 000

贷：主营业务收入——甲产品 300 000

应交税费——应交增值税（销项税额） 51 000

（6）借：销售费用——广告费 3 000

贷：银行存款 3 000

（7）借：盈余公积 150 000

贷：实收资本 150 000

（8）借：银行存款 23 400

贷：应收账款——立达工厂 23 400

（9）借：应收账款——弘扬工厂 105 300

贷：主营业务收入——甲产品 60 000

——乙产品 30 000

应交税费——应交增值税（销项税额） 15 300

（10）借：应交税费——应交所得税 30 000

贷：银行存款 30 000

（11）借：银行存款 5 850

贷：其他业务收入——B 材料 5 000

应交税费——应交增值税（销项税额） 850

（12）借：销售费用 300

应交税费——应交增值税（进项税额） 33

贷：银行存款 333

（13）借：应付账款——大帝公司 35 000

贷：银行存款 35 000

复习测试题（三）

一、单项选择题

1.【答案】D

【解析】财务费用不应计入产品成本，而是在发生当期直接作为费用扣除，计入当期损益。

2.【答案】A

【解析】企业购入材料时，在运输途中发生的合理损耗应计入材料物资的采购成本。

3.【答案】D

【解析】选项A、B、C均属于损益类科目，期末结转后均无余额。

4.【答案】B

【解析】略

5.【答案】A

【解析】“制造费用”账户期末余额应结转入“生产成本”账户。

6.【答案】D

【解析】企业生产车间固定资产计提折旧，其计提的折旧应计入制造费用。

7.【答案】A

【解析】生产产品领用原材料应作分录，借记“生产成本”账户，贷记“原材料”账户；如果将剩余的材料退回仓库，应作相反分录即可。

8.【答案】B

【解析】营业利润=营业收入-营业成本-税金及附加-销售费用-管理费用-财务费用+投资收益。

9.【答案】B

【解析】略

10.【答案】D

【解析】本月完工产品成本=月初在产品成本+本月发生的费用-月末在产品成本。

11.【答案】C

【解析】车间生产领用包装物是应借记“生产成本”账户。

12.【答案】A

【解析】营业利润=营业收入-营业成本-税金及附加-销售费用-管理费用-财务费用+投资收益。

二、多项选择题

1.【答案】ABCE

【解析】企业为购买材料而发生的运杂费用应计入材料物资的采购成本。

2.【答案】ADE

【解析】选项B、C应转入“本年利润”账户的借方。

3.【答案】ABD

【解析】利润总额=营业利润+营业外收入-营业外支出。

4.【答案】ADE

【解析】选项B计入以前年度损益调整，选项C计入购入材料成本。

5.【答案】ABCE

【解析】“生产成本”账户期末如果有余额，表示还有未完工的在产品。

6.【答案】BCDE

【解析】略

7.【答案】AC

【解析】印花税应记入“管理费用”账户，所得税应记入“所得税费用”账户，增值税应记入“应交税费——应交增值税”账户。

8.【答案】ABCE

【解析】进货运杂费属于材料采购成本。

9.【答案】BCE

【解析】选项B生产车间机器设备的修理费计入管理费用，选项C生产工人工资计入生产成本，选项E销售部门房屋折旧计入销售费用。

10.【答案】BCE

【解析】选项 B、C、E 都属于损益类科目。

三、判断题

1.【答案】×

【解析】成本是对象化的费用。

2.【答案】×

【解析】“累计折旧”账户的贷方登记计提的累计折旧数，表示累计折旧的增加。

3.【答案】×

【解析】短期借款的期限包括1年。

4.【答案】×

【解析】企业采购材料时实际支付的还包括增值税，一般纳税人购入材料支付增值税记入“应交税费”账户的借方，不计入成本。

5.【答案】×

【解析】管理费用属于期间费用，不属于间接费用。

6.【答案】×

【解析】报销职工差旅费应借记“管理费用”账户。

7.【答案】√

【解析】略

8.【答案】×

【解析】分配制造费用应借记“生产成本”账户，贷记“制造费用”账户。

9.【答案】×

【解析】“制造费用”账户属于成本类账户。

10.【答案】√

【解析】略

11.【答案】×

【解析】企业职工报销差旅费时借记“管理费用”账户 550 元，贷记“库存现金”账户 50 元，贷记“其他应收款”账户 500 元。

12.【答案】×

【解析】生产车间发生的设备修理费记入“管理费用”账户。

13.【答案】×

【解析】计提短期借款利息应为贷记“应付利息”账户。

四、计算题

【答案】

制造费用分配率=10 460÷（6 500+3 500）

=1.046（元/小时）

A产品负担制造费用=6 500×1.046=6 799（元）

B产品负担制造费用=3 500×1.046=3 661（元）

借：生产成本——A 产品 6 799

——B 产品 3 661

贷：制造费用 10 460

五、业务分析题

【答案】

（1）借：所得税费用 22 250

贷：应交税费——应交所得税 22 250

（2）借：主营业务成本——甲产品 2 000

贷：库存商品——甲产品 2 000

（3）借：应交税费——应交城市维护建设税 1 547

——应交教育费附加 663

贷：银行存款 2 210

（4）借：银行存款 2 000

贷：营业外收入 2 000

（5）借：利润分配——应付股利 400 000

贷：应付股利 400 000

（6）借：营业外支出 10 000

贷：银行存款 10 000

（7）借：本年利润 421 000

贷：主营业务成本——甲产品 220 000

——乙产品 80 000

销售费用 8 000

税金及附加 9 500

管理费用 34 500

财务费用 2 000

其他业务成本 7 000

营业外支出 60 000

（8）借：其他业务成本——A 材料 4 500

贷：原材料——A 材料 4 500

（9）借：本年利润 9 000

贷：所得税费用 9 000

（10）借：本年利润 600 000

贷：利润分配——未分配利润 600 000

（11）借：利润分配——提取法定盈余公积 60 000

贷：盈余公积——法定盈余公积 60 000

（12）借：销售费用——运杂费 500

贷：银行存款 500

（13）借：库存商品——乙产品　　48 000

　　贷：生产成本——乙产品　　48 000

第七章　财 产 清 查

复习测试题（一）

一、单项选择题

1.【答案】A

【解析】库存现金的清查是通过实地盘点的方法进行的。

2.【答案】B

【解析】对于财产清查中所发现的财产物资盘盈、盘亏和毁损，财务部门进行账务处理依据的原始凭证是账存实存对比表。

3.【答案】C

【解析】财产物资的盘存制度主要有永续盘存制和实地盘存制。

4.【答案】C

【解析】银行存款一般采用的清查方法是企业银行日记账与银行对账单进行核对。

5.【答案】B

【解析】“待处理财产损溢”账户属于资产类账户。

6.【答案】C

【解析】银行存款余额调节表调节后的存款余额是企业可以支用的银行存款实有数额。

7.【答案】D

【解析】银行对账单与银行存款日记账账面余额不一致的原因有两种：①记账错记、漏记；②存在未达账项。本题记账无误，则考虑未达账项。

8.【答案】B

【解析】对银行存款、银行借款、往来款项，在清查之前，应及时与对方联系，取得对方的有关对账单进行查核。

9.【答案】C

【解析】技术推算法适用于大量、成堆、分散、笨重、难以逐一清点的财产物资。

10.【答案】D

【解析】局部清查的范围是各种存货、各种贵重物品、货币资金、债权债务等。

11.【答案】B

【解析】财产物资的盘盈是实存数大于账存数，财产物资的盘亏是指账存数大于实存数。

12.【答案】A

【解析】实地盘存制平时对财产物资只登记增加数，不登记减少数。

13.【答案】B

【解析】采用实地盘存制，财产物资的期末结存数就是实地盘存数。

14.【答案】C

【解析】银行存款的清查是将银行存款日记账与银行对账单进行核对。

15.【答案】D

【解析】技术测算盘点适用于大量、分散、成堆、笨重、难以逐一清点的财产物资。

二、多项选择题

1.【答案】ABCD

【解析】全面财产清查的范围是在年终决算前，撤销、改组、合并及改变隶属关系，清产核资。

2.【答案】AC

【解析】财产清查按照清查时间分为定期清查和不定期清查；财产清查按照清查的范围和对象划分为全面清查和局部清查。

3.【答案】ACD

【解析】属于管理不善造成的损失或者无法查明原因的，报经批准后，计入管理费用；过失人和保险公司赔偿的，报经批准后，计入其他应收款；自然灾害等非正常损失或者管理不善导致的偷盗、霉烂、丢失变质等，报经批准后，计入营业外支出。

4.【答案】ABCD

【解析】银行对账单与银行存款日记账账面余额不一致的原因有两种：①记账错记、漏记；②存在未达账项。

5.【答案】AC

【解析】实物财产清查常用的方法有实地盘点法和技术推算盘点法。

6.【答案】CD

【解析】不定期清查的范围是发生自然灾害或意外损失时，保管人员调动更换时，财政、税政、审计等部门进行突击会计检查时等。

7.【答案】ABD

【解析】库存商品和固定资产可以采用实地盘点法清查，分散、大量、成堆、笨重的适用于技术推算法清查，银行存款的清查采用银行日记账与银行对账单进行核对，应收账款采用与对方单位或者个人通过对账单核对账簿记录的方法进行核对。

8.【答案】BD

【解析】“待处理财产损溢”账户借方登记已发生但尚未处理的财产物资的盘亏或毁损数额，以及经批准转销的盘盈数额；贷方登记已发生但尚未处理的财产物资盘盈数额，以及经批准转销的盘亏或毁损数额。

9.【答案】ADE

【解析】略

10.【答案】BD

【解析】清点现金后，将清查结果填入库存现金盘点表，由出纳人员和盘点人员签章。

11.【答案】AB

【解析】财产物资的盘存制度有两种，即永续盘存制和实地盘存制。

12.【答案】ABCDE

【解析】财产清查的范围包括货币资金的清查，各种存货的清查，固定资产的清查，委托加工或受托加工的清查的材料及租赁的固定资产、包装物的清查，应收应付款项的清查。

三、判断题

1.【答案】×

【解析】全面清查不一定是局部清查，局部清查不一定是不定期清查。

2.【答案】×

【解析】银行存款余额调节表不能作为单位调整账面记录的依据，只有收到有关凭证后，才能据以作账务处理。

3.【答案】√

【解析】略

4.【答案】×

【解析】企业在银行的实有存款应是调整后银行存款余额调节表上列明的余额。

5.【答案】×

【解析】“待处理财产损溢”账户是资产类账户。

6.【答案】×

【解析】财产清查的范围不仅包括各种实物资产，还包括银行存款、债权债务等往来款项。

7.【答案】×

【解析】银行存款的清查采用银行日记账与银行对账单核对的方法。

8.【答案】×

【解析】未达账项是指企业与银行由于核算时间不同而形成的一方已入账，另一方尚未入账的会计事项。本题描述的是未达账项的情形之一。

9.【答案】×

【解析】清点库存现金时，出纳人员必须在场。

10.【答案】√

【解析】略

11.【答案】√

【解析】略

12.【答案】×

【解析】库存现金盘点表由盘点人员和出纳人员签章。

13.【答案】√

【解析】略

14.【答案】×

【解析】银行存款的清查，主要是将银行日记账与银行对账单进行核对。

四、综合题

1.【答案】

银行存款余额调节表

存款种类：基本存款户　　　　2016 年 9 月 30 日　　　　单位：元

项目	金额	项目	金额
企业银行存款日记账余额	329 200	银行对账单余额	328 400
加：银行已收，企业未收	31 200+1 600	加：企业已收，银行未收	36 000
减：银行已付，企业未付	4 000	减：企业已付，银行未付	6 400
调整后的存款余额	358 000	调整后的存款余额	358 000

2.【答案】

（1）借：原材料——乙材料　3 900
　　贷：待处理财产损溢——待处理流动资产损溢　3 900

（2）借：待处理财产损溢——待处理流动资产损溢　6 300
　　贷：原材料——甲材料　6 300

（3）借：待处理财产损溢——待处理流动资产损溢　8 000
　　贷：原材料——乙材料　8 000

（4）借：待处理财产损溢——待处理流动资产损溢　210
　　贷：库存商品——#01 产品　210

3.【答案】

（1）借：待处理财产损溢——待处理流动资产损溢　3 900
　　贷：管理费用　3 900

（2）借：管理费用　6 300
　　贷：待处理财产损溢——待处理流动资产损溢　6 300

（3）借：营业外支出　3 000
　　其他应收款——保险公司　5 000
　　贷：待处理财产损溢——待处理流动资产损溢　8 000

（4）借：其他应收款　210
　　贷：待处理财产损溢——待处理流动资产损溢　210

复习测试题（二）

一、单项选择题

1.【答案】B

【解析】无法查明原因的现金盘盈应该计入营业外收入。

2.【答案】C

【解析】存货盘亏属于自然损耗的计入管理费用。

3.【答案】D

【解析】存货计量不准，计入管理费用。

4.【答案】B

【解析】盘亏的现金通过“待处理财产损溢”账户核算。

5.【答案】B

【解析】账存实存对比表是调整有关账簿记录的原始凭证。

6.【答案】B

【解析】实存数和账面数的余额保持一致，按照实存数调整账面结存数。

7.【答案】D

【解析】往来款项的清查应该采用的方法是发函询证法。

8.【答案】C

【解析】银行存款采用银行存款日记账与银行对账单进行核对。

9.【答案】D

【解析】技术推算法适用于大量、成堆、分散、笨重、难以逐一清点的财产物资。

10.【答案】B

【解析】库存现金盘点后应该编制库存现金盘点报告表。

11.【答案】D

【解析】略

12.【答案】C

【解析】全面清查的范围是在年终决算前，撤销、改组、合并及改变隶属关系，清产核资。

13.【答案】C

【解析】略

14.【答案】B

【解析】未达账项的原因是由于企业与银行记账时间不一致。

15.【答案】A

【解析】实地盘存制只登记收入数，不登记减少数。

二、多项选择题

1.【答案】ABCDE

【解析】局部清查的范围包括各种存货、各种贵重物品、货币资金、债权债务和有关保管人员调动时等。

2.【答案】BC

【解析】银行存款和往来款项、银行借款、债权债务等适用于与外单位核对账目的方法。

3.【答案】ADE

【解析】全面清查的范围是在年终决算前，撤销、改组、合并及改变隶属关系，清产核资。

4.【答案】BC

【解析】略

5.【答案】AD

【解析】自然损耗计入管理费用，某过失人赔偿计入其他应收款。

6.【答案】AC

【解析】实地盘点制只登记增加数，不登记减少数，核算工作简单；永续盘存制可以随时结出余额。

7.【答案】ABCDE

【解析】账实不一致的原因是检验、计量不准确，因自然灾害、意外损失、保管不善造成的毁损，以及贪污、盗窃，账簿中错记、漏记等原因。

8.【答案】ABCDE

【解析】略

9.【答案】ABDE

【解析】现金清查时应注意一切收据、借据均不得抵充现金，注意库存现金是否超过规定的限额，有无坐支现金的现象等。

10.【答案】ABE

【解析】实地盘点存货、实物等财产物资，银行存款及往来款项通过和外单位进行对账进行核对。

11.【答案】BC

【解析】银行存款的清查需将银行存款日记账和银行对账单进行核对。

12.【答案】ABCE

【解析】出现银行存款日记账与银行对账单不一致的原因可能有漏记、错记、未达账项等，其中选项C、E属于未达账项的情形。

三、判断题

1.【答案】×

【解析】银行存款的清查主要是将银行存款日记账与银行对账单相核对。

2.【答案】×

【解析】未达账项不是造成企业银行存款日记账与银行对账单余额不等的唯一原因，还可能双方重记、漏记等原因。

3.【答案】√

【解析】略

4.【答案】×

【解析】未达账项的原因是由于企业与银行记账时间不一致，应编制银行存款余额调节表，通过此表检验双方结余数额是否一致。

5.【答案】×

【解析】不能根据调整后的账面记录进行账务处理，需要收到有关凭证后，才能做账务处理。

6.【答案】√

【解析】略

7.【答案】×

【解析】往来款项的清查，可采用信函方式进行核对。

8.【答案】×

【解析】银行存款余额调节表是一种对账记录或者对账工具，不属于原始凭证，不能作为单位调整账面记录的依据。

9.【答案】×

【解析】盘盈的存货，批准后一般冲减管理费用。

10.【答案】√

【解析】略

11.【答案】√

【解析】略

12.【答案】×

【解析】定额内的损耗计入管理费用。

13.【答案】×

【解析】调整后的余额相等，一般情况下可以说明双方账面记录无误。

14.【答案】√

【解析】略

四、综合题

1.【答案】

银行存款余额调节表

存款种类：基本存款户　　2013 年 9 月 30 日　　单位：元

项目	金额	项目	金额
企业银行存款日记账余额	51 300	银行对账单余额	53 000
加：银行已收，企业未收	4 100	加：企业已收，银行未收	3 900
减：银行已付，企业未付	400	减：企业已付，银行未付	1 900
调整后的存款余额	55 000	调整后的存款余额	55 000

2.【答案】

（1）审批前：

借：待处理财产损溢——待处理流动资产损溢　　525

　　贷：库存商品——A 产品　　525

审批后：

借：其他应收款　　525

　　贷：待处理财产损溢——待处理流动资产损溢　　525

（2）审批前：

借：待处理财产损溢——待处理流动资产损溢　　5 000

　　贷：原材料——甲材料　　5 000

审批后：

借：营业外支出　　5 000

　　贷：待处理财产损溢——待处理流动资产损溢　　5 000

（3）审批前：

借：待处理财产损溢——待处理流动资产损溢　　200

　　贷：原材料——乙材料　　200

审批后：

借：管理费用　　200

　　贷：待处理财产损溢——待处理流动资产损溢　　200

（4）审批前：

借：原材料——丙材料　　100

　　贷：待处理财产损溢——待处理流动资产损溢　　100

审批后：

借：待处理财产损溢——待处理流动资产损溢　　100

　　贷：管理费用　　100

第八章　会计核算程序

复习测试题

一、单项选择题

1.【答案】D

【解析】记账凭证核算程序的主要特点是直接根据各种记账凭证逐笔登记总分类账。

2.【答案】B

【解析】各种账务处理程序都是根据原始凭证、原始凭证汇总表和记账凭证登记各种明细分类账。

3.【答案】A

【解析】记账凭证核算程序的主要特点是直接根据各种记账凭证逐笔登记总分类账。

4.【答案】B

【解析】在几种常见的会计核算程序中，最基本的核算程序是记账凭证核算程序。

5.【答案】D

【解析】各种会计核算程序的根本区别在于登记总分类账的记账依据和记账方法不同。

6.【答案】C

【解析】会计核算程序的核心是记账程序。

7.【答案】D

【解析】科目汇总表是根据一定时期内的全部记账凭证按总账科目进行汇总，据以计算出每一总账科目的本期借方和贷方发生额，作为登记总分类账依据的凭证。

8.【答案】A

【解析】记账凭证核算程序登记总分类账的工作量较大，一般只适用于规模小、业务量少的单位。

9.【答案】C

【解析】科目汇总表核算程序的优点是根据科目汇总表登记总分类账，使登记总分类账的工作量大大减少，并可以利用科目汇总表进行发生额试算平衡。

10.【答案】C

【解析】记账凭证核算程序登记总分类账的工作量较大。

11.【答案】C

【解析】科目汇总表是根据一定时期内的全部记账凭证按总账科目进行汇总，据以计算出每一总账科目的本期借方发生额和贷方发生额，作为登记总分类账依据的凭证。

12.【答案】C

【解析】记账程序是指从填制审核会计凭证，登记各种账簿，直到编制财务会计报告的整个会计处理程序。

二、多项选择题

1.【答案】ABC

【解析】在记账凭证核算程序下，记账凭证一般采用收款凭证、付款凭证和转账凭证三种。

2.【答案】ABC

【解析】略

3.【答案】BC

【解析】科目汇总表核算程序和汇总记账凭证核算程序适用于规模大、业务量多、使用会计科目多的单位。

4.【答案】ACD

【解析】记账凭证核算程序登记总分类账的工作量较大，一般只适用于规模小、业务量少、凭证不多的单位。

5.【答案】ABC

【解析】根据原始凭证、原始凭证汇总表和记账凭证登记各种明细账。

6.【答案】ABD

【解析】选项C是记账凭证核算程序独有的流程。

7.【答案】BC

【解析】根据记账凭证登记总账是记账凭证核算程序的特点；根据汇总记账凭证登记总账是汇总记账凭证核算程序的特点。

8.【答案】ABCD

【解析】在科目汇总表核算程序下，记账凭证是用来登记现金日记账、银行存款日记账、明细分类账，以及编制科目汇总表的依据。

9.【答案】AB

【解析】科目汇总表核算程序一般适用于经营规模较大、经济业务较多的企业单位。

10.【答案】ABCDE

【解析】目前，我国常采用的会计核算程序主要有记账凭证核算程序、科目汇总表核算程序、汇总记账凭证核算程序、多栏式日记账核算程序和日记总账核算程序。

三、判断题

1.【答案】√

【解析】记账凭证核算程序是其他会计核算程序的基础。

2.【答案】×

【解析】记账凭证核算程序登记总分类账的工作量较大，一般只适用于规模小、业务量少、凭证不多的单位。

3.【答案】×

【解析】科目汇总表不能反映账户之间的对应关系。

4.【答案】√

【解析】各种核算程序的主要区别在于登记总分类账的依据和方法不同。

5.【答案】×

【解析】同一企业不可以同时采用几种不同的会计核算程序。

6.【答案】√

【解析】各种核算程序的主要区别在于登记总分类账的依据和方法不同。

7.【答案】×

【解析】科目汇总表核算程序是以科目汇总表作为登记总账的依据。

8.【答案】×

【解析】在记账凭证核算程序下，记账凭证一般采用收款凭证、付款凭证和转账凭证三种。

9.【答案】×

【解析】不论哪种会计核算程序，都是根据收款凭证和付款凭证登记现金日记账和银行存款日记账。

10.【答案】×

【解析】记账凭证核算程序的特点是直接根据各种记账凭证逐笔登记总分类账。

11.【答案】√

【解析】略

12.【答案】√

【解析】略

13.【答案】√

【解析】略

四、综合题

1.【答案】

	借方	贷方
（1）借：银行存款	50 000	
贷：实收资本——国家		50 000
（2）借：生产成本——甲产品	58 000	
贷：原材料——A		50 000
——B		8 000
（3）借：管理费用	190	
库存现金	10	
贷：其他应收款——王会		200
（4）借：库存现金	50 000	
贷：银行存款		50 000

（5）借：应付职工薪酬——工资　　50 000
　　贷：库存现金　　50 000
（6）借：原材料——A 材料　　20 000
　　应交税费——应交增值税（进项税额）　　3 298
　　贷：银行存款　　23 298
（7）借：短期借款　　30 000
　　贷：银行存款　　30 000
（8）借：应交税费——应交城市维护建设税　　2 100
　　　　——应交教育费附加　　900
　　贷：银行存款　　3 000
（9）借：应付账款——立达工厂　　11 700
　　贷：银行存款　　11 700
（10）借：银行存款　　46 800
　　贷：主营业务收入——甲产品　　40 000
　　　应交税费——应交增值税（销项税额）　　6 800
（11）借：销售费用　　180
　　贷：银行存款　　180

2.【答案】

科目汇总表

2016 年 3 月 1 日至 15 日　　单位：元

会计科目	借方发生额	贷方发生额
库存现金	50 010	50 000
银行存款	96 800	118 178
其他应收款		200
原材料	20 000	58 000
生产成本	58 000	
短期借款	30 000	
应付账款	11 700	
应付职工薪酬	50 000	
应交税费	6 298	6 800
实收资本		50 000
主营业务收入		40 000
销售费用	180	
管理费用	190	
合计	323 178	323 178

第九章　财务会计报告

复习测试题（一）

一、单项选择题

1.【答案】B

【解析】利润表是反映企业在一定会计期间的经营成果的报表。

2.【答案】A

【解析】资产负债表的期末余额应根据编制报表时有关账户的期末余额进行填列。

3.【答案】A

【解析】资产负债表左方列示的资产按流动资产和非流动资产的类别加以反映。

4.【答案】C

【解析】制造费用不属于收入、费用和利润项目，不在利润表中填列。

5.【答案】C

【解析】资产负债表采用左右账户式排列。

6.【答案】D

【解析】管理者不能通过资产负债表了解企业现金的流动情况。

7.【答案】C

【解析】“货币资金”项目反映企业库存现金、银行存款和其他货币资金的合计数额。

8.【答案】D

【解析】选项A、B、C都应根据相应账户分析计算填列。

9.【答案】C

【解析】根据“资产=负债+所有者权益”这一平衡公式填列的报表是资产负债表。

10.【答案】A

【解析】利润表中的“净利润”是企业的利润总额扣除所得税费用后的净额。

11.【答案】D

【解析】企业年度财务报告的保管期限是永久。

12.【答案】A

【解析】会计机构负责人、会计主管人员办理移交手续，应由单位负责人监交。

二、多项选择题

1.【答案】ABCD

【解析】会计报表至少应当包括资产负债表、利润表、现金流量表、所有者权益变动表。

2.【答案】ABCD

【解析】略

3.【答案】ABCD

【解析】资产负债表的“期末余额”栏数据可根据各类账户的期末余额直接或分析计算后填列。

4.【答案】ABCDE

【解析】营业利润=营业收入-营业成本-税金及附加-销售费用-财务费用-管理费用+投资收益。

5.【答案】ABCD

【解析】营业收入、利润总额、营业利润和净利润都不是可以直接获得的账户，需要根据相应数据计算填列。

6.【答案】BD

【解析】财务报表按其编报时间的不同，可以分为年度报表和中期报表。

7.【答案】ABC

【解析】资产负债表的基本要素有资产、负债和所有者权益。

8.【答案】BD

【解析】“应收账款”项目需要分析填列，“货币资金”项目和“存货”项目需要计算填列。

9.【答案】BD

【解析】在资产负债表中，“未分配利润”项目应根据“本年利润”和“利润分配”账户的余额计算填列。

10.【答案】ACD

【解析】季度财务报表保管3年，会计档案移交清册保管15年。

三、判断题

1.【答案】×

【解析】资产负债表是反映企业在某一特定日期的财务状况的报表。

2.【答案】√

【解析】略

3.【答案】√

【解析】略

4.【答案】√

【解析】略

5.【答案】×

【解析】资产负债表的“期末余额”栏各项目主要是根据有关总账的余额填列的。

6.【答案】√

【解析】略

7.【答案】×

【解析】会计档案的保管期限分为永久和定期两种，定期的分为3年、5年、10年、15年和25年。

8.【答案】×

【解析】会计人员调动工作或离职，必须将本人所经管的会计工作全部交接给接管人员，没有办清交接手续不得调动或离职。

9.【答案】√

【解析】略

10.【答案】×

【解析】利润表是反映企业在一定会计期间的经营成果的报表。

11.【答案】×

【解析】略

12.【答案】√

【解析】略

13.【答案】×

【解析】利润表中计算出来的应交所得税后的利润是净利润。

四、综合题

【答案】

利润表

编制单位：S 公司　　2016 年 3 月　　单位：元

项目	本期金额	上期金额
一、营业收入	1 230 000	
减：营业成本	715 000	
税金及附加	25 000	
销售费用	20 000	
管理费用	95 000	
财务费用	10 000	
加：投资收益（损失以“-”号填列）	15 000	
二、营业利润（亏损以“-”号填列）	380 000	
加：营业外收入	35 000	
减：营业外支出	18 000	
三、利润总额（亏损总额以“-”号填列）	397 000	
减：所得税费用	99 250	
四、净利润（净亏损总额以“-”号填列）	297 750	

五、业务分析题

【答案】

（1）借：原材料　5 000
　　应交税费——应交增值税（进项税额）　850
　　贷：银行存款　5 850

（2）借：其他应收款　500
　　贷：库存现金　500

（3）借：库存现金　100
　　管理费用　400
　　贷：其他应收款　500

（4）借：库存现金　100
　　贷：待处理财产损溢——待处理流动资产损溢　100

（5）借：生产成本　20 000
　　制造费用　8 000
　　管理费用　10 000
　　贷：应付职工薪酬——工资　38 000

（6）借：银行存款　300 000
　　无形资产　600 000
　　贷：实收资本　900 000

（7）借：主营业务成本　　13 200

　　贷：库存商品　　13 200

（8）借：资本公积　　120 000

　　贷：实收资本　　120 000

（9）借：销售费用　　15 000

　　贷：银行存款　　15 000

（10）借：营业外支出　　10 000

　　贷：银行存款　　10 000

（11）借：应收账款　　351 000

　　贷：主营业务收入　　300 000

　　　　应交税费——应交增值税（销项税额）　　51 000

复习测试题（二）

一、单项选择题

1.【答案】A

【解析】按反映的经济内容分类，资产负债表属于财务状况报表。

2.【答案】B

【解析】利润表反映企业在一定会计期间内的经营成果的报表。

3.【答案】C

【解析】“累计折旧”账户是固定资产的备抵账户，应作为资产减项。

4.【答案】A

【解析】略

5.【答案】C

【解析】一般会计人员办理交接手续，由会计机构负责人或会计主管人员监交。

6.【答案】A

【解析】略

7.【答案】C

【解析】150-60=90（万元）

8.【答案】B

【解析】略

9.【答案】D

【解析】利润总额=营业利润+营业外收入-营业外支出，不包括所得税费用。

10.【答案】D

【解析】略

11.【答案】A

【解析】利润表是反映企业在一定会计期间内经营成果的报表。

12.【答案】B

【解析】略

二、多项选择题

1.【答案】ABCD

【解析】存货项目应根据在途物资、原材料、库存商品、生产成本等账户的期末余额汇总后，减去存货跌价准备后的金额填列。

2.【答案】ACD

【解析】略

3.【答案】ABC

【解析】略

4.【答案】AB

【解析】营业收入=主营业务收入+其他业务收入。

5.【答案】BCD

【解析】略

6.【答案】ABCE

【解析】略

7.【答案】ABCD

【解析】略

8.【答案】BCD

【解析】利润表的基本要素有收入、费用和利润。

9.【答案】BCD

【解析】“货币资金”项目反映企业库存现金、银行存款和其他货币资金的合计数。

10.【答案】ACD

【解析】略

三、判断题

1.【答案】√

【解析】略

2.【答案】×

【解析】“固定资产”项目应按该科目的总账余额减去累计折旧的余额填列。

3.【答案】√

【解析】略

4.【答案】×

【解析】资产负债表中，资产的排列顺序是根据资产的流动性确定的。

5.【答案】×

【解析】利润总额=营业利润+营业外收入-营业外支出。

6.【答案】√

【解析】略

7.【答案】×

【解析】我国利润表的格式采用多步式。

8.【答案】×

【解析】营业收入=主营业务收入+其他业务收入。

9.【答案】×

【解析】利润表根据各账户本期发生额填列。

10.【答案】×

【解析】年度财务会计报告应永久保存。

11.【答案】√

【解析】略

12.【答案】√

【解析】略

13.【答案】√

【解析】略

四、综合题

【答案】

资产负债表

编制单位：N 公司　　　　2016 年 7 月 31 日　　　　单位：元

资产	期末余额	年初余额	负债及所有者权益	期末余额	年初余额
流动资产：		略	流动负债：		略
货币资金	167 000		短期借款	80 000	
应收票据			应付票据		
应收账款	106 000		应付账款	85 000	
应收股利			应付职工薪酬		
其他应收款			应交税费	17 000	
存货	150 000		应付股利		
流动资产合计	423 000		其他应付款		
非流动资产：			流动负债合计	182 000	
长期股权投资			非流动负债：		
固定资产	400 000		长期借款		
固定资产清理			应付债券		
无形资产			非流动负债合计		
长期待摊费用			负债合计	182 000	
非流动资产合计	400 000		所有者权益：		
			实收资本	600 000	
			资本公积		
			盈余公积	6 000	
			未分配利润	35 000	
			所有者权益合计	641 000	
资产总计	823 000		负债及所有者权益总计	823 000	

五、业务分析题

【答案】

		借方	贷方
（1）借：库存现金		60 000	
	贷：银行存款		60 000
（2）借：预付账款		525	
	贷：银行存款		525
（3）借：财务费用		240	
	贷：应付利息		240
（4）借：生产成本		7 600	
	贷：制造费用		7 600
（5）借：库存商品		70 200	
	贷：生产成本		70 200
（6）借：其他业务成本		3 000	
	贷：原材料——甲材料		3 000
（7）借：应交税费——应交城市维护建设税		2 100	
——应交教育费附加		900	
	贷：银行存款		3 000
（8）借：制造费用		500	
管理费用		1 000	
	贷：银行存款		1 500
（9）借：制造费用		40 000	
	贷：累计折旧		40 000
（10）借：营业外支出		1 200	
	贷：银行存款		1 200
（11）借：银行存款		117 000	
	贷：主营业务收入		100 000
	应交税费——应交增值税（销项税额）		17 000